大名人 小故事

人生智者苏东坡

王开林 著

中华书局

图书在版编目(CIP)数据

人生智者苏东坡 / 王开林著.— 北京：中华书局，2015.9
（2022.8重印）
（大名人 小故事）
ISBN 978-7-101-10919-1

Ⅰ.人… Ⅱ.王… Ⅲ.苏东坡（1037~1101）
—生平事迹—通俗读物 Ⅳ.K825.6-49

中国版本图书馆CIP数据核字（2015）第083436号

书　　名	人生智者苏东坡
著　　者	王开林
丛 书 名	大名人 小故事
责任编辑	胡香玉　杨旭峰
封面设计	李　睿
封面绘画	LIAR
责任印制	管　斌
出版发行	中华书局
	（北京市丰台区太平桥西里38号 100073）
	http://www.zhbc.com.cn
	E-mail: zhbc@zhbc.com.cn
印　　刷	中煤（北京）印务有限公司
版　　次	2015年9月第1版
	2022年8月第3次印刷
规　　格	开本/700×1000毫米　1/16
	印张8½　字数80千字
印　　数	15001-18000册
国际书号	ISBN 978-7-101-10919-1
定　　价	32.00元

致 读 者

仰望中国历史的天空，群星璀璨。他们是史书中的传主，是教科书上的黑体大字，也是活在故事中的著名人物。他们的故事，比普通人的更加跌宕起伏，扣人心弦，也更加发人深省。

"大名人 小故事"丛书，旨在讲述教科书上未曾细说的名人故事。选取的名人，基本上都是青少年朋友喜爱的。讲述的内容，不是面面俱到的传记，而是提取名人一生中若干瞬间，借此画出名人的精神风貌，展现他们精彩独特的个性和不可重复的创造。

故事的来源，大都有史料依据，希望给大家讲述名人们真实的而非戏说的人生。也吸取了少量的传说，从中可以窥见千百年来的民心。

有的故事中出现了著名的历史事件，涉及了相关民俗风情，衍生出了特定的成语典故，则在故事后进行简要讲解。每本书后，还附录了名人的生平简历，以供读者参考。

丛书每册讲述一位名人的故事，以此形成系列。

丛书的作者，都是中青年精锐作家，他们有的写过畅销历史小说，有的擅长写历史散文，有的已出版大部头的名人传记……他们共同的特点，是会讲故事，并且愿意为青少年朋友讲故事，希望把历史讲得生动有趣，让读者喜欢上这些有意思的历史人物。在此谨向他们致敬。

中华书局编辑部

人生智者苏东坡

苏东坡（1037—1101），名轼，字子瞻，号东坡居士，四川眉山人。其父苏洵，其弟苏辙，其子苏过，均为宋代卓有成就的文学家。

生前，苏东坡就被视为奇才。据高太后（宋仁宗赵祯的皇后，宋神宗赵顼的祖母）回忆，宋神宗特别喜爱苏东坡的诗文，吃饭时也让人诵读，十分入迷，举着筷子，竟忘记了夹菜，不断赞叹道："奇才！奇才！"

苏东坡奇就奇在他的文学、艺术天赋极高，既是全才，又是巨擘，在各个方面均达到了当时的巅峰水准。

他的文章与唐代文豪韩愈齐名，有"韩潮苏海"的美誉，是"唐宋八大家"之一。

他的诗歌与黄庭坚齐名，后世将他们并称为"苏黄"，是宋代诗坛执牛耳者。

他的词作与辛弃疾齐名，后世将他们并称为"苏辛"，是宋代词坛豪放派领袖。

他的书法与黄庭坚、米芾、蔡襄齐名，后世将"苏黄米蔡"合称为宋代四大家。

他的绘画与文与可齐名，是宋代"湖州竹派"的开创人之一和主要画家。

除了文艺成就无人能出其右，苏东坡的性格魅力和办事能力也是有口皆碑。在顺境中，即使贵为翰林学士和礼部尚书，他仍能保持谦和；在逆境中，即使被流放到天涯海角，他仍能保持乐观。他言语幽默，为人善良。与他交谈，妙趣横生；与他交友，可托生死。他敬重前辈，对文豪欧阳修终生执弟子礼。他提携后进，苏门四学士（黄庭坚、秦观、张耒、晁补之）个个名满天下。他关心民生疾苦，所到之处，无论为官大小，皆能造福一方。他热爱生活，热爱生命，是美食家、药物学家和酿酒高手。"东坡肉""东坡酥"和"东坡酒"至今仍是名菜、名点和名酒。

苏东坡是一位千古奇才，他的影响力极大，受到中国老百姓广泛而持久的热爱。

王开林

目录

肝 胆

谈 笑

身　世

一举成名

　　由于父亲苏洵游学四方，长期在外，苏东坡的启蒙教育由母亲程氏负责。苏东坡天才早露，读书能够紧抓要点，明白旨趣，对于古今成败的史实和经验教训，兴趣尤其浓厚。有一天，程氏读《后汉书·范滂传》，慨然长叹，苏东坡就问道："要是我学习范滂，做个正直勇敢的人，母亲会不会允许？"

　　"你要是能做范滂，难道我就不能做范滂的母亲吗？"程氏回答得很干脆。

　　到了启蒙的年龄，苏东坡和弟弟苏辙拜眉山城西寿昌书院的刘微之为师，还跟道士张易简学习文化。有一天，刘微之吟成一首咏鹭鸶的诗，其中两句是"渔人忽惊起，雪片逐风斜"。苏东坡觉得诗意尚可提升，就对刘微之说："先生的诗很好，但我担心雪片没有归宿，改成'雪片落蒹葭'，怎么样？"

　　刘微之细细寻味，这三个字改得好啊！他感叹道："你小小年纪，天资出众，我哪有能力做你的老师啊！"

　　庆历三年（1043），诗人石介的《庆历圣德诗》流传到眉山，七岁的苏东坡列举诗中提到的范仲淹、富弼、韩琦、欧阳修等十一位贤士，询问刘微之这些人是谁。刘微之说："他们都是人中之龙，你是小孩子，打听他们有什么用？"

苏东坡的回答很妙："如果他们是天上的神仙，我就不敢打听了；既然他们也是凡人，我打听一下，又有什么不可以的！"

刘微之颇感惊奇，就告诉苏东坡，范仲淹、富弼、韩琦、欧阳修是不可多得的俊杰。你长大后，要是能够与他们交往，将是无上的荣幸。

嘉祐二年（1057），苏东坡进京赶考，范仲淹已经逝世六年多，两人无缘得见一面。多年后，苏东坡欣赏范仲淹的书法作品，撰写短跋致敬："轼自省事，便欲一见范文正公（范仲淹谥文正），而终不可得。览其遗迹，至于泫然……"其他三位大贤"皆以国士待轼"，他们给予苏东坡很高的礼遇，几代人结下长久的情缘，要么奖励提拔过他，要么保护过他。

宋朝的礼部考试原本安排在八月中旬，苏东坡与苏辙到了京城，随父亲去拜访仰慕已久的偶像——韩琦、欧阳修等政坛大佬、文坛宿将，这两位来自眉山的年轻人着实大开眼界。苏氏兄弟的才华迅速得到京城多位重要人物的赏识。

但是礼部考试之前，苏辙患上了急性流感，眼看就要错过考期。宰相韩琦听到这个消息，赶紧向宋仁宗赵祯进言：

"在今年参试的贡士当中，苏轼、苏辙最有声望。我听说苏辙生病，不能如期应考，这样一来，苏氏兄弟就会有一个缺席，这可不是大家希望看到的结果。我想展延考期，等苏辙病好了，礼部再举行考试。"

要知道，这可是破天荒，为了等待一位生病的贡士参加考试，礼部竟将考期推迟了二十天。宰相韩琦重视人才到了这个程度，确实堪称千古贤相。此后七十年，礼部考试的日期就由八月中旬改为九月上旬。

礼部考试相当严格，一律糊名、誊卷，遮蔽了贡士的姓名，考官从

人生智者苏东坡

字迹根本看不出谁是谁。这年的主考官是欧阳修,他读完苏东坡的卷文《刑赏忠厚之至论》,忍不住击节赞赏,原本打算将苏东坡的卷文取为头名,但又心存疑虑,因为他的门生曾巩也参加了本次的礼部考试,倘若这篇卷文在他名下,就会引起外界的作弊质疑。于是为谨慎起见,欧阳修将章衡的卷文《春秋对义》取为第一名,将苏东坡的卷文《刑赏忠厚之至论》取为第二名。

这一年的大考有许多花絮,其中有个插曲令人啼笑皆非。苏东坡的新朋友章惇已考上进士,但状元章衡是他的侄子,他耻居其下,竟拒不受敕,宁肯以后重考。朝廷倒也宽容,没有追究。

苏东坡和弟弟苏辙考上进士后,苏洵喜笑颜开,对前来道贺的亲友说:"莫道登科易,老夫如登天。莫道登科难,小儿如拾芥。"

这是一句大实话,三分自嘲,七分自豪,众人闻言,笑弯了腰。

苏东坡拜一代文豪欧阳修为师,欧阳修感到无比喜慰。喜的是,他发现了一位百年难遇的人才;慰的是,他的文学衣钵终于有了嫡系传人。在北宋古文运动中,欧阳修是当之无愧的旗手,苏东坡是所向披靡的主将,这对师徒强强联手,他们的号召力和凝聚力无人可以匹敌。

有一次,欧阳修与好友梅尧臣交谈,明确表示:

"读完苏轼的来信,我不知不觉出了一身透汗,真是欣喜痛快啊!老夫应当尽快回避,放他出人头地。"

欧阳修读过苏东坡的来信之后,居然流下热汗,大呼痛快,这真是一桩奇闻。在欧阳修的心目中,苏东坡的分量之重已不言而喻。成语"出人头地"就源于他的这句话。

欧阳修的表态出人意料，他的预言更见高明。欧阳修曾对儿子欧阳棐（fěi）说："你记住我的话，三十年后，就无人再谈论我了。"

他的意思很明确，苏东坡将成为文坛新领袖，其前途和成就不可限量。

欧阳修对苏东坡如此高看，如此盛赞，不少人将信将疑，普遍认为欧阳修不遗余力地抬举一名年轻后生，纯粹是爱才和自谦的个性所致。在《宋史·苏轼传》中，有这样的记载："闻者始哗不厌，久乃信服。"时间能够解答一切难题，当年那些不以为然的起哄者最终明白过来，欧阳修是真正的伯乐，一眼就能识别千里马，他的预判力和预见力太强了，苏东坡确确实实是奇才中的翘楚。

在《贺欧阳少师致仕启》中，苏东坡以动情的笔墨写道："轼受知最深，闻道有自。"这既是事实，也是肺腑之言。如果没有欧阳修的大力提携和逢人说项，苏东坡凭借自己的才华，仍然自足成名，自足成功，但他的成名之路将会坎坷许多，成功之路也会艰辛许多。

四川眉山三苏祠，为北宋著名文学家苏洵、苏轼、苏辙父子三人的故居。

人生智者苏东坡

苏东坡"吞并六菜"

相传，在苏轼、苏辙去京城参加礼部考试前，有六位贡士不服气苏东坡的名声，想杀杀他的威风。

一天，六位贡士决定请苏东坡吃饭。入席后，筷子未动，酒令先行，要求每人列举历史故事，与桌上摆放的菜直接对应，所说即所得。排序时，他们故意将苏东坡排在第七位，桌上却只有六道菜，摆明了，他们要联手拿下苏东坡，让他没菜可吃，没台阶可下。

第一位贡士说："姜子牙渭水钓鱼！"说完他就捧走了那盆鲈鱼。第二位贡士说："秦叔宝长安卖马！"说完他就捧走了那盆马肉。第三位贡士说："苏子卿北海牧羊！"说完他就捧走了那盆羊肉。第四位贡士说："张翼德涿县杀猪！"说完他就捧走了那盆猪肉。第五位贡士说："关云长荆州刮骨！"说完他就捧走了那盆排骨。第六位贡士说："诸葛亮隆中种菜！"说完他就捧走了那盆青菜。

他们原以为苏东坡会一筹莫展，自动认输，不料苏东坡胸有成竹，从容不迫地说："秦始皇并吞六国！"说完，他就把那六盆菜悉数收缴回来，放回原处，大大方方地吆喝道："恭请诸位兄台开怀畅饮，大快朵颐！"

写诗惹祸

宋太祖赵匡胤以偃武修文为国策,尊重人才,因此宋朝的文字狱较为少见。然而凡事总有例外。苏东坡担任地方行政长官,对宰相王安石激进的改革法令并不完全认同,这位闻名遐迩的大文豪用奏章和诗歌表明自己的看法,朝野之间,不少人产生了强烈的共鸣。当时,激进的改革派在朝廷中把持实权,他们视苏东坡为眼中钉,既然找不到别的把柄,就将苏东坡的讽刺诗定性为诽谤诗,罪名迅速升级。

元丰二年(1079)四月,苏东坡由徐州太守移任湖州太守,属于平调性质。按照惯例,苏东坡向宋神宗赵顼上表致谢,谢表中有几句发牢骚的话:"知其愚不适时,难以追陪新进;察其老不生事,或能牧养小民。"那些御史可不是省油的灯,在鸡蛋里也能挑出骨头。这回,他们揪住苏东坡的这个把柄,又搜集到他批评、讽刺新法的诗歌,顿时杀气腾腾,准备用苏东坡的人头为变法祭旗。

此事动静很大,波及面很广,御史台得到上级的许可和指令,由太常博士皇甫僎(zhuàn)带人前往湖州,缉拿苏东坡。皇甫僎带着一个儿子和两名狱卒骑快马从驿道飞驰而去。起初,这个秘密行动很少有人知道,驸马都尉王诜(shēn)与苏东坡有很深的交情,他得到消息后,赶紧派人前往南京,送信给苏东坡的弟弟苏辙,让他通知苏东坡做好充分的心理准备。皇甫僎理应先发先至,只因他儿子中途生病,在润州就医，耽搁了半天，所以苏辙的使者抢先一步到达湖州。

尽管苏东坡的心理准备已足够充分，但皇甫僎代表御史台来缉拿他，绝对是重罪重惩。众人看到两名狱卒气势汹汹，面目狰狞，就知大事不妙。当时，苏东坡是湖州太守（湖州第一行政长官），他把公务交代完毕，然后对皇甫僎说：

"苏轼一向惹朝廷恼怒，今天肯定是赐死。既然死刑难免，请容许我回家与亲人诀别。"

皇甫僎这才用不阴不阳的语气说："还没到这个地步。"

这就等于告诉大家苏东坡犯的不是什么死罪。正常的交接手续办完，苏东坡被狱卒捆住双手，立刻出城，逮捕太守与缉捕强盗没有什么差别。

在第一时间，落难者往往不会获得同情，只会引起恐慌。苏东坡被捕的消息传开后，许多人都不敢挨边，只有王适兄弟赶到郊外送行，他们对苏东坡说：

"死生祸福，纯属天意，天意如此，无可奈何。先生一定要看开些！"

王适兄弟临危仗义，不避嫌疑，主动帮助苏东坡料理家事。苏东坡的妻子王闰之闻讯赶来，见到被捕的夫君，失声痛哭，苏东坡强作笑颜，安慰她：

"多年前，真宗皇帝访求天下隐士，杨朴受到荐举，真宗皇帝接见他，问道：'你出门时，有没有人赠诗给你？'杨朴如实回答：'只有微臣的妻子作了一首。'于是他吟道：'且休落托贪杯酒，更莫猖狂爱咏诗。今日捉将官里去，这回断送老头皮。'你就不能学学杨朴的妻子，也作一首诗送我上路吗？"

到了这步光景，苏东坡仍然保持一贯的幽默感和游戏心态，真是不可思议。苏东坡随皇甫僎和狱卒上了船，湖州百姓在河岸边目送，个个眼泪汪汪。

船到扬州太湖芦香亭下，方向舵坏了，必须停船修理。当晚，风涛平静，月色如画。苏东坡心想，这次进京，凶多吉少，奸人必定将案子弄大，许多亲友将遭到株连，眼下我闭上眼睛，纵身跳入太湖，就可一了百了，得到彻底的解脱。但他转念一想，自己真要是这样做了，老弟苏辙必定痛不欲生，他们的手足之情可是比太湖水要深得多啊。为了不辜负老弟，他打消了自杀的念头。

到了东京汴梁，苏东坡被囚禁在御史台的看守所里，李定、舒亶、何正臣轮番上阵，决心把这个案子整成铁案。他们日夜提审苏东坡，

清代小荷女史画的苏东坡像

光是卷宗就有厚厚几大本。苏东坡奉命在下列一道供词上签字，他承认自己使用诗文发泄了不满情绪，进行了人身攻击："入馆多年，未甚擢进，兼朝廷用人多是少年，所见与轼不同，以此撰作诗赋文字讥讽。意图众人传看，以轼所言为当。"那些政敌岂能就此满足？他们要将苏东坡逼上绝路。

苏东坡的精神遭到摧残，自杀的念头再次萌生，他常服青金丹，这种药具有毒性，他决定，哪天忍受不了，就超量服用。

一名狱卒心地善良，对苏东坡非常尊敬，他当班时，总是悉心照料苏东坡，每天晚上准备热水给苏东坡泡脚。囚犯能受到优待，自然心生感激，苏东坡对这位狱卒说：

"看情形，牢门难出。我有个老弟在外面，到时候，我请你转送两首诗与他诀别。要是老弟看不到这两首诗，我会死不瞑目。"

"先生一定能够转危为安。"狱卒安慰道。

那时候，犯人蹲监，狱方管住不管吃，要由家里人送饭。苏东坡便与大儿子苏迈约定，平日只送蔬菜和肉食，若情形不妙，大祸临头，就撤除蔬菜、肉食，只送蒸鱼，好让他做好赴死的准备。苏迈一直谨守这个约定，过了一个月，粮食快吃光了，苏迈去陈留筹粮，委托亲戚代送牢饭，忘记把那个秘密约定告诉他，结果亲戚送去一条蒸鱼，苏东坡以为死期将近，于是写了两首诗，与弟弟诀别，交给那位善良的狱卒。他猜想，狱卒不敢隐瞒，这两首诗说不定能够传开，一旦皇帝知道了，就还有一线生机。果然如他所料，宋神宗看到这两首诗，顿时就心软了，他原本就没有杀掉苏东坡的意思。形势就这样悄悄地发生了逆转，那些政敌企图利用此案整死苏东坡，如意算盘落空了。

在监狱中，苏东坡还得接受考验。御史台的监狱专门惩治中上级官员，同样有刑讯逼供，至于言词侮辱，纯属家常便饭。一般人进去了，至少要脱层皮，谁还能吃得香，睡得安？苏东坡却是个例外。

有一天，下午过完堂，暮鼓已经敲过，狱卒打开牢门，有人进来，扔下一个小箱子，倒头就睡，苏东坡以为是新来的犯人，也没多问，就自顾歇息了。到了四更时分，那人把他推醒，连声恭喜，并且说："安心睡，别发愁。"说完，他就拎着小箱子，由狱卒带走了。出狱之后，苏东坡才知道，舒亶等人要将他置之死地，宋神宗不肯答应，特意派了个太监去狱中察看苏东坡的动静，结果发现他睡得安安稳稳，鼾声如雷。宋神宗对左右侍臣说："朕就知道，苏轼是问心无愧的。"一个人倘若犯下了重罪，摊上了大事，必定会做恶梦，惶惶不可终日，苏东坡心底无私天地宽，所以他能够安心入睡，大打呼噜。这一回，宋神宗的逻辑推理无懈可击。

在此紧要关头，王安石也主动上书为苏东坡求情，堪称是一场救命的"及时雨"。他对宋神宗说："哪有盛世杀害人才的呢？"

宋神宗赵顼见变法派头领王安石这会儿都脑筋急转弯了，就干脆做个顺水人情，将苏东坡贬谪为黄州团练副使。死罪可免，活罪难饶，总要给点颜色看。

这桩文字狱历史上称为乌台诗案，受到牵连的官员多达三十九名，被处罚得最重的是"二王"：驸马都尉王诜给苏东坡通风报信，而且迟迟不肯交出与证据链相关的诗文，被削除所有官爵；贵介公子王巩是苏东坡的好友，手中并没有苏东坡的"毁谤诗"，只因与主审官员有过节，就被发配到遥远的西北边疆，一改奢侈享受的旧习，吃他平生从未吃过的大苦头。张方平、司马光、范镇等人，则受到罚红铜三十斤或二十斤的处罚。

乌台诗案的导火索是苏东坡的诗歌，他批评时政，将那些当政者比作井蛙、鸣蝉、藏匿在暗处的猫头鹰、爱吃腐鼠的乌鸦、聒噪不休的鸡鸭，还讽刺他们沐猴而冠，假仁假义，弄鬼装神，所施苛政猛于虎。

乌台诗案的起爆点是苏东坡咏桧树的两句诗，"根到九泉无曲处，世间惟有蛰龙知"。御史李定和舒亶罗织罪名，他们一口咬定，当今皇上飞龙在天，苏东坡竟认为他不够知己，他只认可地下的蛰龙，这显然犯下了大不敬的罪行，有谋反之意，必须处死。至于苏东坡的同党，范镇、司马光、张方平、李常等人，也应当明正典刑，一并打入死牢。尽管宋神宗一时糊涂，但他还不是那种任人摆布的笨蛋和两眼一抹黑的文盲，他对那位偏袒改革派的副宰相王珪说："怎么可以这样胡乱穿凿苏轼的诗句？他明明是咏桧树，与朕有什么相关？"

那时，章惇还是苏东坡的朋友，尚未反目成仇，他在一旁辩护

明清时期的都察院，由前代的御史台发展而来，主管监察、弹劾及建议。

道："龙并非单指君王，臣子也可以称龙。"

宋神宗受到启发，指出荀氏八龙、孔明卧龙（诸葛亮）都不是君王。那些攻击苏东坡的人更加理屈词穷了。

乌台诗案如同一场闹剧，令一代文豪苏东坡身心遭受折磨，但不幸之中有万幸，那些小人固然凶悍，然而他们的诡计并未得逞，千古奇祸也并未酿成。

乌台诗案的处理结果还算温和：苏辙请求免职，为兄长赎罪，已被降级，调到江西高安，任筠州酒监；苏东坡坐了四个月零二十天班房，出狱后，被贬谪为黄州团练副使。在黄州，苏东坡写信给好友章惇，有一段文字可以看出他深刻的自省："追思所犯，真无义理，与病狂之人蹈河入海者无异。方其病作，不自觉知，亦穷命所迫，似有物使。乃至狂定之日，但有惭耳。"意思是：我回想自己犯下的罪过，真是毫无道理，与发狂的人跳河投海没什么两样。狂病刚发作时，自己不知不觉，似乎有一只无形之手在暗中指使。等到狂病痊愈的日子，只有满心的惭愧。

经受牢狱之灾后，苏东坡果真能够吸取教训，从此由性情中人变为深藏不露的滑头吗？民谚说，生成的眉毛长成的痣；江山易改，本性难移。否则，苏东坡就不是苏东坡，也不可能成为光芒四射、名垂千古的大文豪。出狱当天，他就赋诗两首，其中一首诗颇有关碍，倘若被那些小人见到，很显然，又有辫子可抓，有把柄可捉。这首七言律诗共八句，前面四句是：

平生文字为吾累，此去声名不厌低。

塞上纵归他日马，城东不斗少年鸡。

人生智者苏东坡

　　开头两句不难理解，第三句、第四句用了典故，值得读者琢磨一番。"塞上纵归他日马"，用的典故是塞翁失马，意思是：纵然边塞上的失马仍能回来，是否好运仍难以确定。"城东不斗少年鸡"用的典故是贾昌斗鸡，意思是：我再也不像贾昌那般年少气盛，与人争一日之长了。贾昌是唐代传奇小说《东城父老传》中的人物，年少时，贾昌以驯鸡、斗鸡的高超技术博得唐玄宗的宠爱，成为宫中的活宝，后来经历安史之乱，他看清了黑暗的现实，出家为僧。苏东坡采用贾昌斗鸡的典故，很容易让那些奸人和小人猜疑苏东坡存心讽刺他们是贾昌之类的弄臣，甚至是争红了眼的斗鸡。这首诗写完后，苏东坡掷笔笑道："我真是不可救药！"刚刚出狱，他就重操旧业，重蹈覆辙，确实太任性了。

多知道点

御史台为何叫乌台？

　　御史台又叫乌台，这个名称由来已久。

　　据《汉书·朱博传》记载，汉朝的御史台是一座深宅大院，里面有许多粗可合抱的柏树，引来不计其数的乌鸦栖息、聒噪于树枝间，它们早来晚去，被人称为"朝夕乌"。御史的职责是纠察和弹劾百官，御史嘴也像乌鸦嘴一样报忧不报喜，把御史台称作"乌台"，倒也名副其实。

谪居黄州

湖北黄州气候多阴多雨，这里的稻谷、鱼虾、柴草、木炭都很便宜，穷人住在这里，日子要比京城好过。苏东坡漏财，平日的俸禄随手化尽，弟弟苏辙子女众多，负债累累，仍然照顾了哥哥的家眷一段时间。

初到黄州，七十二岁的老乳母任采莲过世了，苏东坡与长子苏迈住在庙里，每天只吃一顿斋饭，饭后去溪边钓鱼或上山采药，或者独自静坐，反思自己的过失，寻求自新的途径。就这样素食斋居，他清修了七七四十九天。几个月后，王夫人带着苏迨、苏过、朝云（苏东坡的侍妾）来到黄州安家，苏东坡这才动工建造了五间茅屋，美其名为东坡雪堂，自号东坡居士。苏东坡请眉山老乡巢谷帮忙，教导两个十余岁的儿子读书。巢谷聪明能干，除了教书，他还会煮猪头，灌血肠，作姜、豉、菜、羹，保留了太安菜的风味。苏东坡栽植了一百多棵桑树，嫁接了许多果木，蔬菜有十多畦。他亲自垦荒，耕耘五十亩稻田，在大太阳下，脸色晒得黢黑，如同墨玉。头一年，由于大旱，收成损失了一半以上。第二年，他改种耐旱能力更强的大麦，由一位邻近的老农指导，获得了丰收。王夫人和朝云养蚕，事事亲力亲为，纺纱、织布和缝衣都很拿手。苏东坡饲养了一头耕牛，耕牛发过一回豆斑疮，情形不妙，眼看就不行了。王夫人说："我记得老家的一个偏方，煮点青蒿粥给病牛吃，或许有用。"

病牛吃了青蒿粥，病情果然转好，不久就痊愈了。苏东坡写信将这个药方告诉好友章惇，章惇就打趣他为"牛医儿"。其实他给自己取了一个更有趣的绰号——"鏖糟（音áozāo。意为肮脏，也可解释为不达时务）陂里陶靖节"。陶靖节即陶渊明，是苏东坡最喜爱的诗人，自耕自食，自酿自饮，典型的快活汉。

苏东坡写了一首《耕荒田》，"家僮烧枯草，走报暗井出。一饱未敢期，瓢饮已可必"，他的要求不高，得到满足后的快乐却很大。

至交好友李常来信同情苏东坡的遭遇，写诗安慰苏东坡，难免会有感伤的情调。结果是苏东坡反过来开导李常：像他们这种"道理贯心肝，忠义填骨髓"的人，在困境中，应该谈笑自若，如果遇上点不幸就互相怜悯，与不学道、不明理的人有何区别？即使前途坎坷，只要能够做些对君王和百姓有好处的事情，他就会奋不顾身，把生死祸福交给造物主去决定。

在宋朝，官员因重罪遭到贬谪，最难受的就是停发俸禄。要是家里人口多，坐吃山空，更加令人忧虑。苏东坡决心向孔门弟子颜渊、原宪学习，节省用度，勒紧裤腰带过苦日子，每天顶多只花销一百五十枚小铜钱。他的预算是这样执行的：每月初一，他取出四千五百枚小铜钱，分为三十串，悬挂在屋梁上，每天早晨用画权子挑取一串，然后藏好画权子。他将取下的铜钱放进竹筒里，没用完的，就积攒起来，用于款待客人。所幸黄州物价不高，每天苏家还能够吃一点猪肉。

当初，苏东坡任凤翔府判官时，被同僚称为苏贤良，太守陈希亮（字公弼）老先生竟为此大光其火，谁敢这样叫，就杖责谁。苏东坡行事，稍微不合陈太守的意愿，就会遭到斥责。有一次，苏东坡缺席官方的秋季典礼，被罚红铜八斤。苏东坡起草的公文经常被陈希亮改来改去，反复折腾，不胜其烦。陈希亮下令筑凌虚台，让苏东坡作《凌虚台记》，尽管苏东坡在整篇文章中含有讽刺意味，对陈太守不够恭敬，陈太守却大度包容，一字未改，就下令刻石。他当众笑道：

"在我眼里，苏明允（苏洵字明允）就像儿子，苏轼就像孙子，平日我不肯给他好脸色看，也不夸奖他，是因为他年纪轻轻就暴得大名，我担心他志骄意满，不求上进。他难道会因此恨我吗？"

后来，由于接受邻州赠送的美酒，陈希亮触犯法纪，被撤职查办，抑郁而死。有人主观臆断，是苏东坡向朝廷举报了他（实际上毫无瓜葛）。那些奸人将苏东坡贬谪到黄州，就是考虑到陈希亮的儿子陈慥（zào）（字季常）住在附近，他一定会去收拾苏东坡，为死去的父亲出口恶气。殊不知，陈慥自号龙丘居士，学佛参禅，与苏东坡相处甚欢。苏东坡还作了一篇《陈公弼传》，可见他对陈家父子两代的情谊极为重视。

四年时间，陈慥到雪堂看望过苏东坡七次，给他送去美酒和上佳的文房四宝。苏东坡的回报则更为丰厚，让陈慥成为了千古名人，有两个成语都与他直接关联。苏东坡写给陈慥的诗，多半具有诙谐趣味，流传最广的一首是："龙丘居士亦可怜，谈空说有夜不眠。忽闻河东狮子吼，拄杖落地心茫然。"陈慥的夫人柳氏嗓门大，因此给外界造成一个印象：陈慥怕老婆。"季常之癖"和"河东狮吼"至今仍是惧内（怕老婆）的代表成语。

俗语说，无官一身轻。苏东坡习惯了俭朴的生活之后，与黄州的读书人和老百姓打成一片，倒也其乐融融。

有一回，苏东坡到何秀才家参加聚会，油果很好吃，他就问何秀才，这油果叫什么名字，何秀才说它没有名字，苏东坡没听清楚，又问道："为甚酥？"

在座的客人都说："既然它没有名字,那就叫它'为甚酥'好了。"

有个姓潘的当地官人,善待苏东坡,他知道苏东坡酒量不行,一饮就醉,因此每次都吩咐家人给苏东坡单独准备糯米甜酒。苏东坡笑道:"这一定是错著水(错放了水)。"

此后,潘家的糯米甜酒就有了"错著水"的新名称。

某日,苏东坡郊游,忽然起兴,想吃油果,他写诗给何秀才:

> 野饮花前百事无,腰间惟系一葫芦。
>
> 已倾潘子错著水,更觅君家为甚酥。

这首诗传开后,友人参寥就经常仿照黄州何秀才家的做法做油酥饼,苏东坡吃过之后,觉得正宗。这种油酥饼被食客称为"东坡饼",至今仍是一道美味点心。

一个犯了重罪的官员若想在贬谪地过得逍遥自在,当地太守的优容和关照就必不可少。当时,黄州太守徐君猷(yóu)善待苏东坡,他在力所能及的范围内,让苏东坡过着不受歧视的日子,主动送酒、送面、送醋,还赠送了四件制酒的器具。苏东坡对此心存感激,多次回赠字画,并且叮嘱他不要随手转送给别人。

有一天,苏东坡读唐人李肇的《国史补》,发现唐朝工部尚书杜羔的曲折身世与徐君猷相似,就抄录下来,寄给徐太守。后来,徐君猷死于任上,苏东坡所作的祭文和挽词都充满了悲情,他写信给徐君猷的弟弟,有这样的话:

> 轼初谪黄州,举眼无亲,君猷一见,相待如骨肉,此意岂可忘哉!

黄州紧靠长江,临皋亭下数十步,就是小码头。苏东坡写信给忘年交范镇的儿子范子丰,有这样几句要紧的话:

临皋亭下十数步，便是长江，其半是峨眉雪水，吾饮食沐浴皆取焉，何必归乡哉! 江山风月本无常主，闲者便是主人!

林语堂曾夸赞苏东坡"能够发现和感觉到别人发现不了、感觉不到的美"。

苏东坡无官，无财，但他有名，有闲，这风月的主人他是做定了。苏辙从筠州来信，劝哥哥能省一事是一事，能减一言是一言，假若能做到整天无一语无一事，就能获得极大的快乐，诗要少写或不写，酒要少喝或不喝，以免故态复萌，旧"病"复发。性格是天生的，哥哥好动，弟弟好静，哥哥也承认弟弟开的药方好，但他根本做不到。

秦观担心苏东坡在黄州日子过得太苦，苏东坡就写信告诉他：黄州与武昌隔江相望，有位蜀地的老乡王生住在武昌，苏东坡去做客，有时候大风大浪，几天回不来，王生就杀鸡做饭，殷勤留客。麦饭笋脯，斗酒只鸡，只要心中无牵无挂，就是活神仙。还有一位潘生，在樊口开酒店，苏东坡乘舟能够直达，店主自酿的酒又醇又香，味道不错。当地水果多，芋头一尺多长，从外县运来的米一斗只要二十枚铜钱，肉食都很便宜，鱼、蟹更是随便就能吃到。当地官员赵仲修廉洁清贫，他送给苏东坡半边羊肉，苏东坡写信致谢，担心自己的"数日之饱"，会害得赵仲修吃二十天清汤寡水的蔬菜。胡定之任岐亭监酒，船上有大量藏书，苏东坡可以随时借阅。黄州的官员常常聚会，家家的厨艺都不错，苏东坡口福不浅。

天晴的时候，苏东坡总喜欢邀集三五好友去江上泛舟饮酒，经常游玩到天擦黑才登岸回家。有一次，秀才李委来雪堂道别，苏东坡就邀他乘舟载酒游览赤壁。李委擅长吹奏短笛，喝酒喝到微醺，他乘兴

金代画家武元直所绘《赤壁图》，画的是北宋苏轼泛舟游赤壁的故事。

吹奏了几支曲子。江上风起水涌，大鱼纷纷跳出水面。

苏东坡写信给好友吴复古，描绘东坡雪堂的景观，有这样一节文字：

所居江上，俯临断岸，几席之下，风涛掀天。对岸即武昌诸山，时时扁舟独往。

后来，苏东坡又在临皋亭的南边建造了南堂，有三间房子，与雪堂遥相对应。此地临江而空敞，用南堂避暑，非常舒适。

苏东坡住在长江边，常常乘船去赤壁游玩，他将黄州赤壁当成三国的古战场来追怀凭吊，显然是借题发挥，借他人的酒杯浇自家的块垒。后人不厌其烦地纠错，反而显得自作聪明，滑稽可笑了。

在黄州，苏东坡也过了一些痛苦不堪的日子，主要是生病所致。他手臂上长过恶疮，当地的胡道士精通医术，用针灸疗法给他治好了。苏东坡为胡道士作了几幅行书、草书。在黄州，苏东坡还患了一场大病，由于风毒侵身，右眼险些失明，为此他卧床将近半年。外界传说他已经过世，忘年之交范镇在京城闻讯失声恸哭，一度召集子弟，准备派人到苏家吊丧，核实之后才知道是谣言。苏东坡患眼疾期间，杜门谢客，吃素念经，昔日游山玩水，呼朋引伴，现在却"百想灰灭"。

有一回，苏东坡与友人唱着他写的《临江仙》，"长恨此身非我有，何时忘却营营？夜阑风静縠纹平，小舟从此逝，江海寄馀生"，一遍又一遍，沿途不少人都听到了。

第二天，黄州就到处谣传苏东坡晚上唱完这阕词，将帽子和衣服挂在江边，乘船长啸而去，不知所终。黄州太守徐君猷听到这个消息后，又惊又怕，急得满头大汗，要是苏东坡擅自离开黄州，徐太守就会受到朝廷的重责。他赶紧起轿，去江边寻访苏东坡，结果发现这位快活先生正在家中呼呼大睡，鼾声如雷。谣言的传播就是如此离奇，一根草绳，十里之外就会传成一条蛇，百里之外就会传成一条龙，千里之外会传成什么样子？有人谣传苏东坡在黄州病死了，宋神宗询问苏东坡的老乡蒲宗孟，蒲宗孟也拿不准这个消息是否属实。宋神宗吃饭时，再三叹息道："人才难得！"他胃口全无，放下碗筷起身离去，神情显得郁郁寡欢，闷闷不乐。

宋神宗的文化修养很高，有一天，他在宫中读到苏东坡的《水调歌头·丙辰中秋》，反复吟诵"又恐琼楼玉宇，高处不胜寒"，忍不住叹息道："苏东坡始终都是忠君爱国的！"于是他决定将苏东坡从黄州移置到离京城近些的汝州。

《宋史》的说法有些不同，宋神宗多次想起用苏东坡，但朝中当权派总是设法阻拦。宋神宗曾对宰相王珪、蔡确说："国史很重要，可以让苏东坡来完成它。"王珪却不以为然。宋神宗只好转而提名曾巩。曾巩修撰的《太祖总论》，宋神宗并不满意，于是御笔亲批："苏轼黜居思咎，阅岁滋深，人材实难，不忍终弃。"意思是：苏轼在贬谪地闭门思过，经历了很长的时间，人材确实难得，朕不忍心将他弃置不顾。

如此说来，若不是宋神宗亲自决定，已在黄州待了四年的苏东坡还将被晾上更长时间。

苏东坡受命移居汝州，路过金陵（今南京），特意去拜访赋闲在家的王安石。两位大文豪的这次见面，是他们最后一次见面，王安石此时六十四岁，两年后就去世了，苏东坡四十八岁，正当盛年。这次历史性见面，在《宋史·苏轼传》中只记录了他们谈论时政的一段对话。

苏东坡率先涉及一个严肃的话题："大兵、大狱，是汉朝、唐朝灭亡的先兆。先帝以仁厚治天下，正是要革除大兵、大狱。如今西部边疆连年用兵，战局不解，东南地区多次大兴冤狱，为何相公不发一言挽救危局呢？"

王安石摇头叹息道："这两件事都是吕惠卿挑起的，安石在朝廷之外，怎么敢去插嘴？"

苏东坡对王安石的回答不以为然，他说："在朝廷任职就发言，不在朝廷任职就不发言，这是辅佐君王的常规礼数。皇上对相公优礼相待，相公怎可以常礼回报皇上？"

受到苏东坡这句话的刺激，王安石竟有点烦躁起来，他厉声回答："理所当然！今天的话出在安石口，入在子瞻耳。"

王安石曾经信任吕惠卿，提携吕惠卿，但吕惠卿却揣着个人的私心，打着自己的如意算盘，在关键时刻出卖了老上司，将王安石的私信交给宋神宗，摧毁了那对君臣之间罕有的信任。王安石的八年新政一败涂地，林语堂将它归结为一句话："吕惠卿出卖了王安石，王安石出卖了宋神宗，宋神宗出卖了老百姓。"王安石晚年每天必写"福建子"（吕惠卿是福建人）三个字数次，以泄心头之恨。

吃一堑，长一智，王安石暗示苏东坡，对这次谈话保密。那副小心翼翼的样子，苏东坡看着都有些难受。

"'行一不义，杀一不辜，而得天下，皆不为也'，人要这样才行。"王安石突然开始背诵古书，明显有点前言不搭后语。

苏东坡笑道："如今的君子，只知争取升官的机会，就算杀人，他们也会干。"

这种官场生态，王安石当了多年宰相，当然心中有数，他提拔过不少草菅人命的官员，理应负有相当大的领导责任。苏东坡的话绵里藏针，批评的语气相当委婉，王安石听出了弦外之音，笑而不答。

多知道点

文赤壁和武赤壁

苏东坡谪居黄州（今湖北黄冈）时，常与朋友去江边的赤壁游玩。此处并非三国时期的古战场，但当地有不少以假乱真的民间传说。于是苏东坡将错就错，用"人道是，三国周郎赤壁"巧妙地蒙混过去，在诗文词赋中，他尽兴发挥，将黄州赤壁当成三国古战场来描写和凭吊，抒发自己的胸臆。

据学者考证，湖北蒲圻的赤壁才是真正的三国古战场。

为了避免争议，黄冈赤壁被称为文赤壁，蒲圻赤壁被称为武赤壁，可谓两全其美，各得其宜。如今，文赤壁和武赤壁都是人们乐意游览的风景名胜地。

人生智者苏东坡

再贬岭南

　　高太后去世后，宋哲宗赵煦（xù）收复皇权，他做的第一件大事就是将元祐大臣（元祐年间反对新政的旧党成员，如苏轼、司马光等。元祐是宋哲宗的第一个年号。）分批逐出朝廷。苏东坡首当其冲，罪名是"诽谤先王"。经苏东坡的旧友章惇指使，罢黜的圣旨由苏东坡的另一位旧友林希起草。

　　圣旨的大意是：如果你讥诮朕的过失，又有什么不可容忍的，可是你代朕草拟圣旨，诬蔑诋毁朕的父亲。离间父子的恩情，断绝君臣的道义，即使在民间，这样做也是天地不容的，你让我有何面目见天下人？你苏轼文章足以迷惑大众，巧辩足以掩饰过失，然而你自绝于君主，又能怨谁？

　　说到底，仍是圣旨惹的祸。几年前，苏东坡秉承高太后的旨意草拟圣旨，将王安石一派的权臣逐出朝廷，措辞毫不客气。现在政治形势已发生逆转，宋哲宗决定恢复他父亲宋神宗的制度，苏东坡成了他的对立面，师生之情就不管不顾了。章惇被宋哲宗委任为宰相，他要保全和巩固自己的地位，就必须依附皇上，与政治利益相比，牺牲掉二十多年的友情，对他来说，内心根本不存在纠结。章惇行事，敢于拼命，反目之后必定反噬。

　　三个月内，朝廷连下四道命令，将苏东坡的官阶一降再降，最终将他贬职为建昌军司马，安置在惠州。

绍圣元年（1094）十月二日，苏东坡携同朝云、苏过、两个年老的女仆抵达惠州，沿途幸亏有靖州太守张耒派遣的两员老兵照应，省去了许多烦杂的事务。由于走的是水路，途经广州，苏东坡买了几斤檀香，准备到惠州后，"杜门烧香，闭目清坐，深念五十九年之非"，大有闭门思过的意思。人生发生如此重大的转折，苏东坡岂能无诗？《十月二日初到惠州》即脱口吟成，趣味蛮足：

> 仿佛曾游岂梦中？欣然鸡犬识新丰。
>
> 吏民惊怪坐何事，父老相携迎此翁。
>
> 苏武岂知还漠北？管宁自欲老辽东。
>
> 岭南万户皆春色，会有幽人客寓公。

这首诗的大意是：惠州这个地方似曾相识，难道我在梦中游历过？很高兴那些鸡犬对我并不陌生。官员既吃惊，又奇怪，我犯了什么过错，竟然被贬谪到岭南来？乡亲们扶老携幼上前欢迎。当年苏武岂能料到自己从漠北回返中原？管宁倒是很愿意终老于辽东。我的结局二者必居其一，早已命中注定。岭南家家户户春意盎然，肯定会有幽居之士容我安身。

初到惠州，苏东坡入住合江楼，数日后搬往僻处荒郊的嘉祐寺，四周全是密密麻麻的桄榔林。尽管居处简陋，苏东坡仍然感觉惠州四季如春，"风土不甚恶"，稀薄的瘴气若有若无，并不像外界传说的那样可怕。他决心从此弃绝世故，终老蛮村。苏过已满二十三岁，他从小跟随父亲宦游南北，到过不少地方，见过不少世面，在父亲的朋友圈里受过不少教益，因此他比同龄人更成熟，也更有思想，对于功

人生智者苏东坡

名利禄看得很淡。在写给好友王定国的信中，苏东坡颇为自豪地说："非此父不生此子也！"十年前，儿子苏遁夭折，朝云在登州拜尼姑义冲为师，学习佛法，早已随遇而安。既然住在岭北是过日子，住在岭南也是过日子，苏东坡就打定主意，仍像当年谪居黄州那样买田造屋，老实做个惠州人。苏东坡越来越相信冥冥之中命运自有安排，他开玩笑说："走背运的地行仙想要探出头来透口气，身子也会憋屈在狗洞里。"因此他反复念叨《论语》中孔夫子的那句话："不怨天，不尤人，下学而上达，知我者，其天乎？"他的心迹只有老天爷知道，人事方面，就不必抱任何奢望了。

嘉祐寺附近有座松风阁，梅花绽放时，苏东坡常去岭上徜徉，"松风亭下荆棘里，两株玉蕊明朝暾"，不求人赏而自有人赏，满怀的幽香，梦里仍经久不散。大晴天，苏东坡去丰湖边垂钓，若是钓到了大鳗鱼，就让人拎着，去詹太守家饮酒。隔不了几天，詹太守也会让家中的厨子带些荤素，到苏家来烹制好吃的。苏东坡名满天下，到哪儿都不会缺乏崇拜者，要是他爱热闹，何愁没有热闹？

兴许是水土不服，苏东坡的痔疮又发作了，这个病已成痼疾，难以根治，他谪居黄州时发作过，做翰林学士时也发作过，每次都是一两个月坐卧不宁，痛苦难耐，到了百药失效的地步。苏东坡自定的疗法很特别：戒绝荤腥，每天只吃淡面两碗和炒熟的胡麻、茯苓粉数杯。尽管口福大打折扣，他仍然咬牙坚持。痔疮不是致命的病痛，但它很能折磨人，苏东坡既要巧妙地调适自己的心境，又要苛刻地对待自己的身体，其乐观的生活态度，饱食无忧的人是难以想象的。痔疮痊愈后，在饮食方面，苏东坡并未放松，而是继续收紧，吃长素成了他的新常态。

当年，苏东坡被贬谪到黄州，舒亶等人要将苏东坡置于死地，想出过一条借刀杀人的毒计，让陈慥去收拾苏东坡，结果未能如愿，反倒促成了陈慥和苏东坡的莫逆之交。章惇仇视苏东坡，程度丝毫不亚于舒亶等人，他要将苏东坡置于死地，想出的仍是一条借刀杀人的毒计。章惇早就听说过，苏东坡有一个姐姐，嫁给了表兄程之才，在婆家受到虐待，患上了严重的抑郁症，年纪轻轻就死了。苏洵对程家极为不满，把女婿程之才骂了个狗血淋头。苏氏兄弟与表兄、姐夫程之才绝交已达四十二年之久。就在苏东坡谪居惠州的第二年，宰相章惇委派程之才为广南东路提刑，既可以昭雪冤案，又可以纠察官员。不言而喻，此招相当阴险和狠毒。

对于章惇的险恶意图，苏东坡洞若观火，他决定按侯晋叔的建议办，请人送一封慰问信给程之才，预先沟通。送信人走后，苏东坡思忖，这样做，尽管礼数到家，但情分不足，于是他派苏过做使者，去百里之外迎接程之才，带上他补写的书信，如实汇报近况，坦陈胸臆，毫无遮掩和忸怩。这封信的大意是：我被贬谪到岭南，困苦之状可想而知。听说老兄要来，颇为想念。古人以三十年为一世，我们老兄弟断绝交往已四十二年。想起此事，令人凄痛断肠。不知老兄肯不肯为我来一趟惠州？我也有一些见闻想当面跟你交流。我受到的惩罚极重，自从到达惠州，十天后，就把自己关在家里，虽是本州太守，我也没有前去拜会过他。……老兄到了本地，我恐怕也不敢出门迎接，以免给你带去无谓的麻烦。倘若老兄以至亲的关爱，不责备老弟礼数不周而屈驾光临，那将是我余生的荣幸，不是我敢企求的……

程之才接连收到苏东坡的两封来信,又见到颇具父风的表侄苏过,一个长达四十二年的心结,终于有了解开的契机,喜慰之情可想而知。他立刻派专人送信给苏东坡,定于春夏之间,他到惠州办理公务,老兄弟久别重逢,把盏叙旧自然是题中应有之义。

这次见面双方是愉快的。程之才比谁都清楚,官场浮沉纯属常态,苏东坡虽暂时遭到贬谪,但毕竟众望所归,说不定哪天政治风向一变,他就能够像上次那样返回朝廷,受到重用。撇开政治不谈,甚至撇开亲戚关系不谈,苏东坡是个数百年一遇的大才子,跟他交往,如沐春风,何乐而不为?

程之才是官员,也是诗人,他拿出自己的诗作《江行见桃花》,请苏东坡斧正。苏东坡读罢表兄的桃花诗,称赞道:"字字奇警,常人莫及啊!"谪居惠州期间,苏东坡共有九首诗与程之才直接相关,他们联袂出游,彼此唱和,可谓其乐融融。程之才多次寄赠美食、香茗、蜂蜜、药物和珍稀水果给苏东坡,礼尚往来,苏东坡也以墨竹画和书法作品回赠。在此期间,苏辙也与程之才冰释前嫌,恢复了交往。

章惇的毒计彻底落空,他一定恼火透顶,却又鞭长莫及。程之才按行惠州后,苏东坡的待遇明显有所改善,他又搬回合江楼居住,因此写信感谢程之才的"巨庇"。此后,苏东坡与程之才的书信联系堪称密切,在《苏轼全集》中,苏东坡写给程之才的书信共计七十封。

绍圣二年(1095)五月,惠州遭遇罕见的狂风暴雨,洪水荡毁的公私房屋多达两千余间,台风拔起的大树不计其数,整个惠州城沦为汪洋泽国。苏东坡在诗中描写道:"龙卷鱼虾并雨落,人随鸡犬上墙眠。"数以千计的灾民不幸丧命,数以万计的灾民无家可归。

程之才受朝廷委派，重返惠州视察灾情。这一回，苏东坡向表兄提出了几条切实可行的建议：修筑两桥一堤，添造军营三百间。为了解决经费困难，苏东坡捐出皇帝赏赐给他的一条犀带，他还动员弟弟苏辙捐款，弟媳史夫人出手大方，将从前内宫赏赐的黄金倾囊相赠。他们的热心没有白费，在程之才的许可和詹太守的主持下，这些惠民工程先后上马，全部竣工。苏东坡感到十分欣慰。

在惠州，苏东坡还做了许多善事和好事：推广秧马和水碓磨，劳动效率大幅度提高；洪灾后收葬枯骨，死者得到安息；博罗县城遭遇大火后，他极力促成官府以钱粮两便的方式收税，减轻百姓的负担。他还与当地名医林忠彦交往、合作，研制出专治瘴毒的妙方，饮用姜、葱、豆豉煮成的浓汤，就可药到病除。豆豉的原材料是黑豆，惠州无此物，苏东坡就请羊城太守王古代为购置。惠州百姓受惠良多，他们把苏东坡视为恩人和福星。杭州西湖有苏堤，惠州西湖也有苏堤，由此可见一斑。

绍圣四年（1097）二月二十四日，苏东坡搬入白鹤峰新居，这幢房屋堪称精舍，共有二十个房间。新居建在古白鹤观的地基上，由于地势高敞，可以俯瞰大江，眺望远山，视野极为开阔。搬入白鹤新居后，苏东坡也有过好一阵子乐不思蜀的恍惚，他吟诵陶渊明的《时运》诗，"斯晨斯夕，言息其庐"，心情相当明媚。苏东坡辛苦了一年多，可是在新居他只住了不到两个月，就被贬谪到海南儋州。苏东坡去世后，白鹤新居易名为朝云堂，数次被毁，数次重修。

新居落成前，苏东坡的长子苏迈已度南岭，赴韶州仁化县任县令。父子相别三年，遥隔数千里，这次见面实属难得。苏东坡的长孙苏箪二十岁，已经娶妻，次孙苏符也订妥了亲事。忧患之余，得见子孙，苏东坡特别开心。在京城时，苏东坡每次拜访好友范纯夫，总见到他子孙绕膝，孩子们看到文曲星驾到，就忙着准备文房四宝，请苏东坡题字。苏东坡总是打趣范家的孩子："你们是要祈雨呢，还是要求晴？"现在自己总算也享受到了难得的天伦之乐。他拿定主意，定居惠州，只当祖祖辈辈一直是惠州人，自己屡试不中，从未做过官。然而就连这样一个并不奢侈的愿望也被章惇的魔掌击成了碎片。

多知道点

与苏东坡相关的数字

历仕五朝（仁宗、英宗、神宗、哲宗、徽宗）。

经历了三位太后（曹太后、高太后、向太后）垂帘听政。

做过八任太守（密州、徐州、湖州、登州、杭州、颍州、扬州、定州）。

起草圣旨八百余道。

留下诗两千七百多首。

留下词四百余阕。

留下赋二十七篇。

留下文章两千余篇。

留下书信一千四百余封。

放逐海南岛

　　抵达惠州前数日，苏东坡游览了罗浮山，在罗浮山下有大片的荔枝林，初夏时节，荔枝成熟，苏东坡接受果农的邀请，去树下恣意采食，大快朵颐。专以惠州的荔枝为题材，苏东坡写过四首诗，终其一生，没有哪种水果享受过这样的厚遇。其中一首七绝流传最广，"罗浮山下四时春，卢橘黄梅次第新。日啖荔枝三百颗，不辞长作岭南人"。这首诗字里行间洋溢着喜气和得意，居然出自一名迁客之手。奇怪吗？一点也不奇怪。因为作者是苏东坡。令人略感费解的是，章惇读到苏东坡的另外两句诗"报道先生春睡美，道人轻打五更钟"，不免怒火攻心。苏东坡谪居岭南，竟然还如此滋润，如此快活，章惇岂肯成全？于是他使出狠手，将苏东坡贬谪至海角天涯。

　　当年，海南岛属于尚未开化的蛮荒绝地，谁要是被发配到那儿，就等于进入了人间地狱。官场险恶，即使贵为宰相，也难以逃脱这样的厄运。李德裕是唐朝宰相，却死于海南崖州，未能活着返回长安。由于秦桧阴险奸恶，宋朝共有三位宰相被贬逐到海南。李纲渡海之后，在岛上只盘桓了三天，就遇赦北归，可算幸运；李光在儋（dān）州度过八十岁生日，难免凄苦；赵鼎在三亚绝食身亡，堪称悲怆。

　　高太后的去世是一道鲜明的分水线：此前八年，元祐大臣风调雨顺；此后四十年（直到北宋灭亡），元祐大臣及其后代则无一例外地遭到严重的"病虫害"。相比之下，苏东坡所经受的苦难折磨最为突出，他被放逐到海南岛，既是第一，也是唯一。宋哲宗和章惇一不做，二不休，把事情做绝了，他们规定：凡是受到贬谪的官员，其亲戚、族人不得在邻近的州县担任官职。苏东坡的长子苏迈原本是仁化县的县令，这样一来，他就丢了官，不能就近照顾父亲。雷州太守仰慕苏氏兄弟的人格和天才，给他们送酒送肉，也因此受到上级的严厉谴责，第二年就被调走了。

绍圣四年（1097）四月，苏东坡离开大陆，穿越险恶的风涛，夜宿于广西合浦的海湾中，天水相接，星河满天，他彻夜失眠，起身倚舷，举目四顾，不禁轻声叹息道："我做了何事，得罪上天，竟屡次遭逢这样的危险？已经过了徐闻（今广东省徐闻县），莫非要在此地遇难？"船舱里，小儿子苏过睡得格外酣沉，格外夯实，唤他不醒，舱内孤灯荧荧，陪伴苏东坡的只有几本旧书。咫尺之间，就是绝境死地，苏东坡看得分明。经历了一长串苦难之后，他的胆量大小已不再重要，觉悟高低才重要。多年学佛的好处至此彰显无遗，苏东坡已经参透生死，"如梦幻泡影，如露亦如电"，他不再心存恐惧。

同时，苏辙被贬谪到广东雷州，两兄弟在广西藤州相遇，然后结伴同行，彼此有个照应。在贬谪途中，这对老兄弟能够相聚一段时间，可谓不幸中的大幸。在《和陶〈止酒〉》诗中，苏东坡感叹道："萧然两别驾，各携一稚子。子室有孟光，我室惟法喜。"苏辙的妻子史氏出身眉州名门，贤淑不逊于举案齐眉的孟光，三十多年来，她与苏辙相敬如宾，相濡以沫，总共生下四个儿子和七个女儿。这回，苏辙带在身边的也是第三个儿子。苏东坡的情况则有所不同，自从朝云去世后，家里没有了女主人，他乐得参禅修行，教导儿子作文绘画。

在藤州的路边店，两兄弟吃了顿便饭，店里的主食是麦面饼，苏辙的口味很刁，吃惯了精美的食物，这种粗糙的麦面饼有些硌牙，简直难以对付。苏东坡的口味不刁，一张饼，三口两口就吃得精光，他还有余兴打趣老弟："这种南荒美味，你还用细嚼慢咽吗？"一路上，他们走走停停，不急不忙，格外珍惜共度、共处的分分秒秒。实际上，这段通往雷州的路就是苏氏兄弟共同走过的最后一段路。海之南与海之北，现在我们乘坐飞机，顶多二十分钟航程，当年，绝对是天各一方，很可能生死永隔。

登岛之后，苏东坡写信给好友王古，有一节文字耐人寻味，大意是：我临近暮年，贬谪到荒蛮偏远的地方，不再有生还的希望。今年春天与长子苏迈诀别，已交代后事。如今我到了海南，首先，做一副棺材，其次，修一座坟墓。我已写信给儿子们，要是我死在海外，就葬在海外。这样做，基本上符合吴国贤人季札"死在异乡即葬在异乡"（季札将长子葬在齐国的赢、博两地之间）的义理。既然父亲可以这样葬

江苏无锡宜兴东坡书院

人生智者苏东坡

子，难道儿子不可以这样葬父吗？生前不携带家眷出远门，死后不护送棺材回故乡，这也是东坡居士的家风。如此说来，苏东坡已做好了充分的思想准备，倘若他死在海南，就葬在海南。达观的人真是什么都放得下，想得开啊！

在儋州，苏东坡遇到的现实困境是多方面的：物资匮乏，邮路受天气影响，时常中断。犹如遭遇海难的幸存者，被激浪狂涛冲到了一座与世隔绝的荒岛上，从生活的层面径直坠落到生存的层面，活着就很可能变成日复一日的挣扎和煎熬。

刚到儋州时，苏东坡寄住在公家的房屋里。县令张中温文尔雅，喜欢下围棋，与苏过结为棋友。他拨款修缮了漏雨的房子，结果惹上麻烦，遭到革职。章惇及其党羽不乐意见到苏东坡吃嘛嘛香，睡哪哪安，迫害立刻升级，迅速加码，竟勒令苏东坡搬出官舍。因为事出仓促，苏东坡过了一段时间"食无肉，病无药，居无室，出无友，冬无炭，夏无寒泉"的"六无生活"。

苏东坡出钱买了一块地，请来王介石等十几个学生，帮忙干泥水活，在槟榔林里，搭建了五间遮挡风雨的茅屋。他将它命名为"槟榔庵"。夜间，黎族猎手常在附近猎鹿，清晨，他们主动示好，将新鲜的鹿肉赠送给苏东坡。

苏东坡曾做过几年翰林侍读学士，俸禄高，赏赐也不少。在惠州，他散财做了不少善事，再加上建造白鹤新居，积蓄消耗殆尽。渡海来到儋州，经历这番折腾，不免囊空如洗。所幸惠州的朋友程全父托人给他送来精面、好酒和冰糖，真好比大雪中送炭，大漠中送水。此外，还有几位朋友给他寄来药、米、酱、姜、糖、纸、水果和茶叶。

初到儋州，苏东坡很少出门，就算出门，也只在附近散步，与远近高低的鸟儿打个招呼，此地的"朋友圈"有待创建。风雨交加的日子，在茅屋中，他枯坐终日，就像是一位老僧。儋州的气候并不宜人，春天、夏天潮湿不堪，秋天阴雨绵绵，冬天雾霾浓重，任何东西都容易发霉。就算是生命力极其顽强的白蚁，在这里也有些吃不消。苏东坡就看到过好多非正常死亡的白蚁横尸在床柱上。对此，他思考了一番：即使气候、环境异常恶劣，仍有长寿老人，这就像冰蚕、火鼠，若能适应环境，就可游刃有余。

北宋晚期，海南岛仍是文化沙漠，书籍奇缺，苏东坡远离尘嚣，身边只有陶渊明和柳宗元的诗文集相伴。后来，苏过好不容易借到《唐书》和《汉书》，天天勤奋抄写，苏东坡调侃道："若了此二书，便是穷儿暴富也。"意思是：倘若苏过能够通晓这两部厚重的史书，就是穷孩子突然发了大财。

由于诗文惹祸，苏东坡屡遭贬黜，甚至坐牢，明知"文章憎命达"的定论极为精准，可是他想封笔也封不住，他想装傻也装不成。在海外孤寂无聊，儿子苏过的文章却越写越好，时不时写成一篇，苏东坡品读之后，就会高兴好几天，睡觉吃饭也美滋滋的。因此他认定：文章就如同金玉珠贝，是不该轻易鄙弃的。

苏东坡登岛之前，海南连年歉收，而且只种芋头，不种水稻，吃饭是个大问题。儋州缺医少药，生命也有不小的危险。当地黎族人不吃药，生了病就找来巫公、巫婆，杀牛祈祷，多的要杀十余头牛。这些牛都是当地人用大船从高州、化州运来的，渡海时，牛群的哀鸣声此起彼伏，催人泪下。苏东坡指出：黎族人用名贵的沉香换牛祭鬼，中原人用沉香供佛燎神，无异于焚烧牛肉，如何能祈求到幸福？

既然岛上缺医少药，流落在此的外地人就得具备良好的心态。苏东坡最善于苦中作乐，在致远方好友的信中，他写道："每念京师无数人丧生于医师之手，予颇自庆幸。"苏东坡随遇而安，将身体交付给造物主安排，是生是死，顺其自然。

苏东坡好客，很多人都喜欢跟他交往。试想，一位老人性格和善、热诚、开朗，肯帮忙，能出主意，谁会不喜欢他？家里有客人，苏东坡谈笑风生，家里没客人，苏东坡就牵着一条大狗，满世界找人聊天，对方是读书人也好，是农夫、屠夫也行，他都能伫足畅聊一番。有时候，对方怕在这位博学多才的文豪面前露拙，苏东坡就鼓励他们讲鬼故事，"姑妄言之，姑妄听之"，同样津津有味。

有一天，苏东坡头顶一个大西瓜，在田埂上边走边唱，神情很快活，有位年过七旬的老太婆忍不住打趣他："苏学士，你从前在朝廷当大官，天天都可以见到皇帝，现在想起来，是不是有点像一场春梦啊？"苏东坡觉得她的调侃别有趣味，笑过之后，就给这位老太婆取了个"春梦婆"的绰号。还有一次，苏东坡出门访友，遇上大雨，他就借了一套庄稼汉的斗笠、蓑衣和木屐，没走多远的路，身上就溅满了泥水，结果连家里的狗都不认识他了，对他不停地吠叫。他感慨道：我只换了一身披挂，家里的狗就视我为陌生人；我的处境大变，许多旧友疏离我，不再理睬我，甚至攻击我，陷害我，又有什么好奇怪的？

苏东坡的智慧带有浓郁的人间烟火气息，跟谁都合得来，对什么事情都有非凡的理解力，这是他身上最讨喜的优点。

终于北归

有一个传说很有趣，宸奎阁做法事，宋徽宗赵佶亲临现场观看，道士俯伏在地，诵读表章，向玉皇大帝奏告，很久才起身，额头满是绿豆大的汗珠，神色严肃而紧张。宋徽宗问他是何缘故，道士禀报道：

"刚才贫道到玉帝那儿上章，正值奎宿奏事，他奏事完毕后，才轮到贫道呈递表章。"

"奎宿是何方神圣？"宋徽宗有些好奇。

"就是本朝的苏轼。"

宋徽宗闻言，大惊失色，此后，朝中有人说苏东坡的坏话，他便一概不加理睬。

这位道士究竟是谁？已无可考证，想必他崇拜苏东坡，利用这个不可多得的机会巧妙地杜撰出一个故事，帮助苏东坡解危脱困。

在海南岛，苏东坡总共生活了三年零两个月。他内心始终坚信自己能返回中原。有一天，苏东坡对儿子苏过说："我决不会做海外人，近日颇觉有重返中原的气象。"

于是苏东坡洗净砚台，燃起一炷沉香，凝神静气，默写自己所创作的八篇赋文，预卜道：如果不漏写或错写一个字，他就能回归中原。苏东坡写完了，没出任何差错，异常开心，他对苏过说："我回归中原已是铁板钉钉的事情，不会有任何疑问了！"

人生智者苏东坡

几天后，朝廷就给苏东坡下达了北移廉州（今广西合浦县）的命令。八赋的墨迹堪称书法至宝，起初由北宋末年"六贼"（六大奸臣）之一梁师成收藏，最终入了皇宫。

人逢喜事精神爽。苏东坡要告别海岛，回归中原了。临行前，他写诗给岛上的好友黎子云秀才，在诗的后面批了十六个字："新酿甚佳，求一具理。临行写此，以折菜钱。"意思是：新酿的酒好喝，请你送我一坛。临行前书写这首诗给你，就折算为下酒菜的本钱吧。诙谐的文字中透出几分喜气来。

大船启锚离开昌化军时，十多位父老乡亲赶来送行，赠给苏东坡好酒好菜，握着他的手久久不肯松开，对他说："这回，我们与苏学士道别，不知什么时候才能再见面！"

苏东坡六十四岁，须发皆白，但他的体力不减当年。在写给郑靖老的信中，他谈到自己的归宿，本愿是回眉山，但路远难行。去杭州定居也不失为一个好的选择，那一方水土他喜欢，那一方百姓喜欢他，但这样做，显得有些高调。此外，他还可以回宜兴，或者去许昌，不管到何处落脚，致仕归田的结局铁定不变。

苏轼《潇湘竹石图》

北归途中，苏东坡在大庾岭（今江西省大庾县南）歇脚。一位老人从村子里的小店中走出来，他询问苏东坡的随从："这位大官人是谁？"

"是苏学士。"随从如实相告。

老人脸上立刻露出笑意，他猜出了这位苏学士就是苏东坡，于是三步并作两步，上前作揖行礼，对苏东坡说："朝廷中的小人千方百计陷害苏学士，今日北归，是老天爷保佑善人啊！"

苏东坡笑容可掬，他喜欢听这样的公道话。在村店的墙壁上，他题写了一首七言绝句：

> 鹤骨霜髯心已灰，青松合抱手亲栽。
>
> 问翁大庾岭头住，曾见南迁几个回？

北宋时，大庾岭是南迁者和北归者的必经之路，但那些被贬谪到广东、广西和海南去的官员很少有人能够活着返回中原。这首诗显露出苏东坡暮年得归的庆幸。

几年来，不断有人谣传苏东坡过世了，他被贬谪到海南岛三年，这类传闻更是甚嚣尘上。苏东坡北归之日，正是章惇南迁之时，他罢相丢官，被贬谪到广东雷州。在江西南昌，太守叶祖洽设宴款待苏东坡，席间用戏谑的语气问道："世间早就传言苏先生已魂归道山，怎么如今还在游戏人间啊？"

"途中遇到章子厚（章惇字子厚），我就返回人间了。"苏东坡也用玩笑话回答他。

这句冷幽默后面有很长的潜台词，听众都懂，无不哈哈大笑。

昔日害人的得意者，今日沦为了失意的被害者，苏东坡的那句玩笑话中何尝没有一点快意恩仇的意思。

人生智者苏东坡

苏东坡渡海北归，回到栖息地江苏常州。他骑马、徒步、坐轿的时候少，乘船的时候多。快到常州时，天气炎热，他在船上戴一顶小帽，披件短衣，露出胳膊，运河两岸的人听说船上坐的是他们心目中十分敬仰的文曲星苏东坡，都跑来夹岸围观，以至于万人空巷。苏东坡见此情景，笑道："莫非他们想看杀苏东坡？"

西晋时，全国头号美男子（也是大才子）卫玠出门，无数男女沿途围观，给卫玠造成很大的心理压力，结果因此患病，英年早逝。苏东坡用"看杀卫玠"的典故来自嘲和自我调侃，心里无疑有掩饰不住的得意。朝廷中的奸人和小人害得他够呛，但天下百姓如此仰慕他，那一刻，他的心里得到了巨大的抚慰。

建中靖国元年（1101），苏东坡游览真州金山龙游寺，在方丈室再次看到寺中收藏的李公麟画作——东坡居士像，不禁百感交集，唏嘘再三，他研墨挥毫，为这幅画像题写了四句话："心似已灰之木，身如不系之舟。问汝平生功业，黄州、惠州、儋州。"意思是：我的心已像烧成灰的木头，我的身体犹如没系缆绳的小船。问你一生的功业有哪些，贬谪到黄州、惠州、儋州。很显然，这是苏东坡对自己一生坎坷经历的另类总结。他长时间被放逐在外，贬谪到黄州四年零三个月，贬谪到惠州三年零一个月，贬谪到儋州三年零两个月，共计十年半，正好是他六分之一的人生岁月，他的大部分传世名作是在这个艰难困苦的时期写成的。如果说苏东坡在杭州和京城有过仕途的春风得意，也确实创作了不少令人惊艳的诗文，但要是抽去他在黄州、惠州、儋州谪居的十年半，他就无法成为千古奇才、百代文宗。受苦的是身心，受益的是声名，关键在于，苏东坡给后世留下了取之不尽、用之不竭的精神宝藏。

情 义

三位太后

这真是一个奇怪的现象，在同时代的男人中，虽然有许多长辈欣赏苏东坡，同辈推崇苏东坡，后辈敬仰苏东坡，但不遗余力地打压他、伤害他、贬损他的狠角色依然不少。他先后遭受了十多年贬谪，最后被流放到海角天涯，都是朝廷里的那些狠角色陷害的。然而在同时代的女人中，苏东坡所受到的仰慕、尊重和呵护却是空前少有、毫无保留的，全部属于正能量的，且不说贤妻良母对他的关爱，美女、才女对他的崇拜，三位皇太后总是在关键时刻伸出援手，尤其不可忽略。曹太后（宋仁宗的皇后）救了他的命，高太后（宋英宗的皇后）重用和保护了他，向太后（宋神宗的皇后）将他从绝境中赦免召回，她们全都是苏东坡的恩人和福星。

在她们心目中，至少有三点是确定无疑的：首先，苏东坡是一个刚强正直、光明磊落的男人；其次，苏东坡是一个既具备文学天才，又具备行政干才的男人；再其次，苏东坡是一个有主见、有胸襟、有风度、有担当的男人。在名利场上，具备这些大优点的男人到底多不多？说是凤毛麟角，也并不夸张。她们热爱他，拯救他，保护他，怜惜他，还需要别的理由吗？

当乌台诗案的暗流和浊流异常汹涌的时候，舒亶、李定、何正臣等人务欲杀之而后快，宰相王安石迟至最后关头才出面表态，宰相王珪则被舒亶牵着鼻子走。尽管说宋神宗怜才惜才，并不想杀掉苏东坡，但在落井下石者成群、墙倒众人推的险恶形势下，难保宋神宗的脑筋不会突然短路，由于一念之差，做出愚蠢、荒唐的决定来。帝王手握生杀予夺的绝对权力，错误地砍掉一两位臣子的头颈，并非什么重要新闻。宋朝确实有不杀士大夫的传统，但任何传统都是脆弱的。当时，御史皆曰杀，情形已危殆之极。正是在这个时候，重病中的曹太后站了出来。她是宋神宗的奶奶，极有见识。

宋仁宗赵祯在位时，苏东坡、苏辙兄弟同科考中进士。仁宗皇帝特别欣赏苏氏兄弟的文才，殿试后，他喜笑颜开，对曹皇后说："本次殿试人才济济，其中苏轼、苏辙具备太平宰相的才智。我老了，可能来不及重用他们，把这样的贤才留给子孙后代，不是很好的事情吗？"苏东坡入狱后，曹太后在病榻前将仁宗皇帝的这句话原原本本复述给宋神宗听，她说：

"朝廷中的小人一心一意要害死苏轼，竟从鸡蛋里面挑骨头，苏轼的政绩有目共睹，挑不出什么毛病，小人不肯善罢甘休，就从他的诗文里挑刺，加以中伤。诗文的过错微不足道。现在我的病势已日益沉重，官家不可冤枉好人，伤及和气。官家一定要睁大眼睛看清楚，别被小人蒙在鼓里！"

宋神宗赵顼听完曹太后的话，心有所感，意有所动，决定大赦天下。曹太后摇头不许。

"千万不要赦免那些凶恶之徒，官家只须赦免苏轼一个人就足够了！"

苏东坡能够获得一线生机，应该说，与曹太后的临终呵护息息相关。

元丰八年（1085），宋神宗赵顼驾崩，其子宋哲宗赵煦即位，高太后垂帘听政。赵煦年方十岁，权力全都集中在高太后手中，她"以母改子"，逐步废除了宋神宗时期实行的新法，悉数起用、提拔那些久遭冷落、打压和贬谪的官员。

元祐元年（1086），苏东坡刚好五十岁，重返朝廷，就任中书舍人，以翰林学士知制诰。八个月内，连升三次，连升四级。要知道，一年多前，苏东坡还待罪黄州，是个江湖散人，如今境遇陡转，岂不是跟做梦一样吗？

《宋史·苏东坡传》记载了高太后与苏东坡的一次对话。时间在元祐元年，地点在便殿。高太后和颜悦色地问道："苏爱卿前年担任的是什么官职？"

苏东坡回答："微臣是常州团练副使。"

高太后又问道："如今担任的是什么官职？"

苏东坡回答："微臣如今是翰林学士。"

高太后继续问道："为何提拔得如此之快？"

犹如猜灯谜，苏东坡回答道："微臣有幸获得太皇太后、皇帝陛下的恩典。"

传为明代画家张路所绘
《苏轼回翰林院图》

高太后说："并非如此。"

苏东坡又猜测道："莫非有大臣推荐？"

高太后如实相告："也不对。"

苏东坡神色惊慌，他说："微臣虽不足取，但不敢从旁门左道的途径升官。"

直到这时候，高太后才揭开谜底："这是先帝的遗愿。先帝每次诵读爱卿的文章，必定赞叹：'奇才！奇才！'可惜没来得及提拔和重用爱卿。"

苏东坡受到感动，不觉哭出声来，高太后和宋哲宗也相继落泪，在场的人都很难过。过了一会儿，高太后让苏东坡入座，赐贡茶一杯，然后取下御座前刻满金莲的烛台赏赐给苏东坡，让太监送他返回翰林院。当时，这是对大臣极高的礼遇。

在京城，苏东坡只待了三年，因为他的职务清贵重要，能够经常接近高太后和宋哲宗，随时都有可能擢升为宰相，所以引起一些官员的嫉妒。苏东坡被推举为蜀党的大头领（他本人并不认为有什么蜀党），洛党和朔党就不断制造舆论，明枪暗箭攻击他，弹劾他的奏章多达十余道。苏东坡出任礼部考试的主考官，出了一道考题，那些人也揪住不放，向高太后控告苏东坡对仁宗皇帝、神宗皇帝大不敬。高太后将这些攻击和控告苏东坡的奏章全都束之高阁，不加理睬。苏辙身为谏官，疾恶如仇，除恶务尽，也给哥哥招来了不少私敌。苏东坡实在是厌烦透了，疲于应付朝廷的政争，他更热爱自然山水，喜欢呼吸新鲜空气，而不是殚精竭虑，结派拉帮，与人勾心斗角，争权夺利。然而那些小人太可恶了，纠缠不休，攻讦没完没了，苏东坡自觉长时间保持沉默、不予回应，终非善计，于是他给宋哲宗呈上了一封长达两千多字的奏章，表达自己对朝政的看法，认为官员应该拥有独立见解，人云亦云，齐声附和，绝非国家之福，广开言路乃是当务之急。在另一道奏章里，他说，马生病，不能言语；人虽能言语，倘若上下隔绝，不让他自由表达，跟马有什么不同？

由于高太后的保护，苏东坡留任原职，为了减少政治震荡，那些弹劾苏东坡的官员也获得了宽恕，双方暂时打成平手。

但那些政敌不会轻易放手，他们不把心思放在治国保民上，一心只想升官发财，谁要是挡了他们的仕途和财路，他们就不惜拼个鱼死网破。害人总是容易的，找寻苏东坡的把柄也不难。吕大防拜相，苏东坡起草圣旨，夸赞他勇于任事，熙宁年间，苛政害民，王安石去职。圣旨中出现的"民亦劳止，汔可小休"引自《诗经·大雅·民劳》，是讽刺暴君的作品。意思是：老百姓太劳苦了，差不多可以休息一下了。那些政敌如同打了鸡血针，亢奋起来，他们弹劾苏东坡，罪名是他丧心病狂，竟敢将先帝比作周厉王。当然，他们也不会忘记老套路，从苏东坡的诗文中找茬，然后发表诛心之论。

元丰八年（1085）五月一日，苏东坡途经扬州，在一座寺庙的墙壁上题写了三首诗，其中一首诗触动了政敌的敏感神经：

此生已觉都无事，今岁仍逢大有年。

山寺归来闻好语，野花啼鸟亦欣然。

政敌们诬陷苏东坡，认为他把神宗皇帝驾崩的消息当成"好语"，简直是无稽之谈。这时候，苏辙出面，为哥哥巧妙解围，他说，苏东坡听到了幼主登基的好消息，所以倍觉欣然。这个马虎眼打得恰到好处，那些政敌的弹药立刻就受潮了。

这一回，高太后仍然采取老办法，将政敌弹劾苏东坡的奏章束之高阁。

两年之内，苏东坡四遭诽谤，他的弟弟和朋友也蒙受池鱼之殃。苏东坡上表章给高太后，认为现在的御史赵挺之比当年的御史李定、舒亶、何正臣更坏，李定等人是在近似的文字中找寻把柄，赵挺之却是捕风捉影，无中生有。

元祐四年（1089），苏东坡再次请求外放，高太后成全了他，派他前往杭州，出任太守，兼浙西军区钤辖。在杭州，苏东坡能够有一番作为，与高太后的远程支持是分不开的。

高太后病逝之后，宋哲宗就像搬去了头顶的一座大山，立刻恢复他父亲宋神宗时期的各项制度，他任用章惇为宰相，这头能干的恶虎迫害政敌，可谓冷酷无情，变本加厉。苏东坡既是章惇的公敌，又是他的私敌，自然成为被打击的头号目标，先是贬谪到岭南的惠州，然后又被放逐到海南的儋州，章惇存心要把苏东坡整死在天涯海角。然而人算不如天算，宋哲宗赵煦是个短命鬼，二十五岁就驾崩了，宋徽宗赵佶继位，另一位贤良的太后走向前台，向太后垂帘听政，与宋徽宗共同处分军国大事，她做的第一件大事就是赦免苏东坡，将他从海南内移，随后放还常州。此时，苏东坡已风烛残年，来日无多，可谓刻不容缓。向太后垂帘听政，只有半年时间，许多元祐逐臣就是在这半年之内捡回了一条老命。

苏东坡的贬谪生涯，由宋神宗赵顼开头，由宋神宗的皇后向氏收尾，可以说是另类的解铃还须系铃人吧。

贤妻和知己

在官场，苏东坡的运气时好时坏，时起时伏，好时、起时不到峰巅，坏时、伏时必到谷底。然而他既有贤妻的悉心照料，又有红颜知己的深情陪伴，三个儿子孝顺聪明，德才兼备，在家庭生活方面，苏东坡的福气堪称顶呱呱，老天爷给他的"津贴"颇为丰厚。

苏东坡的结发妻子王弗是眉州青神县乡贡进士王方的女儿。她十六岁嫁入苏家。王弗知书达理，聪慧而沉静，刚嫁入苏家的时候，没人知道她内秀的一面。苏东坡读书，她整天陪伴于左右，不肯离去，新郎不知道新娘能够领会诗书的美妙。后来，苏东坡的记忆偶然短路，王弗就从旁提醒，苏东坡这才知道娇妻的文化修养很高，他问起一些经典名著，她也都知其大概。

苏东坡有一颗赤子之心，与人交往毫无城府，是个不可救药的浪漫主义者，王弗则是个典型的务实派，正好弥补了苏东坡待人处世的短板。二十五岁时，苏东坡任凤翔判官，出外办事和应酬，王弗都要过问，她对年轻的丈夫说："你离开父亲（母亲已过世）很远，凡事不可不谨慎，以免给老人家添忧。"

王弗善于听其言而观其人，有很强的鉴别能力。在《亡妻王氏墓志铭》中，苏东坡记录了她的言行，值得一提。

苏东坡与客人在外面聊天，王弗经常站在屏风后面倾听，客人走后，她就把谈话的要点重复一遍，对苏东坡说："某某讲话总是顺着你的意思，闪烁其辞，不敢唱反调，不肯进忠言，你何必浪费工夫跟这样的人推心置腹？"

有人跑来与苏东坡攀交情，表现得很热络，王弗就提醒道："这种人并不可靠，交情恐怕不能长久。他交朋友的动机不纯，到时候背叛你也会比眨眼还快。"

事后证明，王弗的预见八九不离十。在凤翔，章惇与苏东坡交往最密切，堪称铁哥们，后来他当上了宰相，疯狂迫害苏东坡，下手最为狠毒。

王弗陪伴苏东坡十一年，过的多半是苦中作乐的日子，她节俭勤快，不吝不贪，真正做到了苏东坡后来在《赤壁赋》中所写的"苟非吾之所有，虽一毫而莫取"。在一篇《先夫人不发宿藏》的札记中，苏东坡讲了一个小故事，大意是：我在岐下做官时，别处的雪落了一尺深，我住所旁的大柳树下却全无积雪。天晴后，树下的地面开裂，凸起数寸高。我怀疑此处是古人窖藏丹药的地点，想去刨开看看。妻子对我说："假使我婆婆（苏东坡的母亲）还健在，肯定不会去刨开地面，寻觅宝物。"我闻言羞愧，立刻打消了寻宝的念头。

瞧，王弗讲话相当得体，她没有出面制止夫君的行为，而是用苏东坡母亲的表现来说事。苏母识大体，明大义，教子严而有方，苏东坡对她极其尊敬，所以王弗稍加提点，巧施规劝，苏东坡就满面愧色，打消了自己的贪念和顽童一般的好奇心。

治平二年（1065），王弗患病去世，年仅二十七岁。十年后，苏东坡任密州太守，生活方面漂泊不定，政治方面郁郁不得志，在这种境遇

之下,他梦见亡妻王弗,不禁悲从中来,悼亡词《江城子·乙卯正月二十日夜记梦》抒发了内心不绝如缕的思念:

> 十年生死两茫茫,不思量,自难忘。千里孤坟,无处话凄凉。纵使相逢应不识,尘满面,鬓如霜。　　夜来幽梦忽还乡,小轩窗,正梳妆。相顾无言,唯有泪千行。料得年年肠断处,明月夜,短松冈。

这阕《江城子》精短而婉约,忧伤的情景动人心魄,痛苦的意蕴感人肺腑。再过五年,苏东坡的处境将变得更为艰难,他坐完御史台的大狱,沦落黄州,"大江东去",唱彻云霄。其豪放的段位乃是在艰苦卓绝的磨练之后得以提升。

王弗病逝三年后,三十二岁的苏东坡续娶了二十一岁的王闰之。王闰之是王弗的堂妹,性格柔婉,知足惜福,她从小就仰慕和崇拜大才子苏东坡,与堂姐王弗完全是不同类型的女人。王闰之与苏东坡共做了二十五年夫妻,在此期间,她受过乌台之惊,吃过黄州之苦,还做过几年翰林夫人和尚书夫人(相当于部长夫人),可谓尝遍了人间苦辣酸甜各种滋味。

在《上文潞公书》中,苏东坡回忆湖州被捕的凶险经历,信中写道:我刚被逮捕归案时,有一个儿子(即苏迈)年纪稍微大一些,徒步跟随着我,其余守家的都是妇女儿童。家属到了宿州,御史下文,从我家里抄走所有的来往信件,州郡官员望风听命,派遣差役和士兵围船搜取,大人和小孩都受到惊吓。等那些差役走后,妻子怒骂道:"这都是因为官人喜欢著书,书写成了有什么好处?把我们吓死了!"于是她把我的手稿扔进了火炉中,事后重新整理旧作,已经所剩无几,百分之七八十都已化为灰烬。后人认为王闰之这样做纯属胆小怕事，造成了不可估量的文学损失，殊不知她这样做是为了保护苏东坡，保护家人，保护亲友，既然没有可以采取的万全之策，她的做法实属迫不得已。

苏东坡任密州太守时，白天要四处奔波，治蝗救灾，累得精疲力竭，晚上回家，糟糕的心情可想而知。三岁的苏过还不能体谅父亲的难处，在他面前牵衣哭闹，苏东坡大光其火，王闰之从旁劝导："你怎么比小孩子还要愚痴呢，何不展眉开心一点？"

苏东坡听到妻子柔声责备，自觉失态，不免惭愧。王闰之点到为止，不再唠叨，她把干净的酒具摆放在丈夫面前，就抱开吵闹的孩子，让他享受片刻宁静。

都说贫贱夫妻百事哀，但王闰之在黄州受苦受累，长达四年之久，她从未抱怨过苏东坡，这很不容易。

有一回，王闰之过生日，苏东坡放生了一些鱼儿，为她祈福祝福。他还填写了一阕《蝶恋花》，其中有句"三个明珠，膝上王文度"。王文度是东晋大臣王述的儿子王坦之，深得父亲喜爱，长大成人后，王述仍经常将他抱坐在大腿上。苏东坡称赞王闰之对三个儿子一视同仁，疼爱有加。都说后娘难做，但王闰之待堂姐王弗所生的儿子苏迈如同己出，与亲生的儿子苏迨、苏过毫无差别。这令苏东坡既感动又欣慰。

在苏东坡的诗文中，多处可见王闰之的身影。

读《后赤壁赋》，请留意，为苏东坡预藏斗酒、以备不时之需的"妇"就是王闰之。

"可怜吹帽狂司马，空对亲春老孟光。"苏东坡将自己比作东晋狂司马谢奕,将王闰之比作西汉淑女孟光。孟光个子不高,长相并不漂亮,家境贫寒,但她与丈夫梁鸿相敬相爱,送饭时举案齐眉(将托盘举得跟眉毛一样高),是古今贤妻的典范。

"子还可责同元亮,妻却差贤胜敬通。"苏东坡运用了两个典故,他认为自己的三个儿子尚须严加督促,这一点与陶渊明相同,但毫无疑问,他的妻子王闰之胜过东汉辞赋家冯衍的妻子,既善解人意,又温柔体贴。冯衍很有才华,但他的仕途布满荆棘,家庭生活也是一地鸡毛,老婆以妒悍著称,喜欢吃无名醋,发无名火,令冯衍极为头痛。

王闰之与苏东坡同甘共苦,相濡以沫。她病逝后,苏东坡撰写《祭亡妻同安郡君文》,郑重承诺"惟有同穴,尚蹈此言"。生则同枕,死则同穴,这是恩爱夫妻的大愿。苏东坡过世之后,苏辙出面,将亡兄与亡嫂合葬在同一个墓穴中。

苏东坡任杭州通判时,王闰之将十二岁的王朝云从勾栏中赎出,收为侍女。朝云是典型的杭州美人,身姿窈窕,口齿伶俐,生性机警,不仅王闰之喜欢她,苏东坡也喜欢她。

有一次,苏东坡吃完饭,轻拍滚圆的肚皮,犹如轻拍一面大鼓,给家里人出了一道谜题:"你们猜猜看,我这大肚子里装的是什么?"有人说是"一肚子饭菜",有人说是"一肚子学问",有人说是"一肚子诗文",朝云的回答正中鹄的(gǔdì),"一肚子不合时宜"。苏东坡哈哈大笑,连声称妙。

做家务时,朝云是王闰之的好帮手,有闲暇,她也会给苏东坡磨墨洗笔,看他写字作画。朝云的瞟学功夫很高,久而久之,居然从大字不识几个进步到粗通文墨,楷字也写得像模像样。朝云原本就能歌善舞，苏东坡的那阕《蝶恋花》仿佛是为她量身定制的：

> 花褪残红青杏小。燕子飞时，绿水人家绕。枝上柳绵吹又少，天涯何处无芳草。　　墙里秋千墙外道。墙外行人，墙里佳人笑。笑渐不闻声渐悄，多情却被无情恼。

多年后，在一个落木萧萧的秋日，朝云唱完这阕词，忍不住热泪盈眶。苏东坡问她为何难过，朝云答道：

"唱至'枝上柳绵吹又少，天涯何处无芳草'，内心百感交集，我再也唱不下去了。"

听她这么一说，苏东坡倒是笑了起来："我正在悲秋，你却还在伤春！"

朝云谢世之后，苏东坡就再也不听这阕《蝶恋花》了，因为他不忍再听，一听就会勾起伤心往事。

谪居黄州时，王闰之说服苏东坡，纳朝云为侍妾。元丰六年（1083），二十二岁的朝云为四十七岁的苏东坡生下儿子苏遁，小名干儿。满月浴儿，苏东坡赋诗一首：

> 人皆养子望聪明，我被聪明误一生。
>
> 惟愿孩儿愚且鲁，无灾无难到公卿。

可是造物主不肯成全人，苏东坡的愿望不幸落空了。苏遁夭折，对朝云的打击特别大。朝云想死的心都有，她不死，是因为苏东坡遭遇到了更大的苦难。

王闰之病逝后不久，苏东坡遭到章惇的清算，被贬谪到广东惠州，景况比湖北黄州更差，但爱人朝云和爱子苏过不惧怕瘴毒，陪伴在他身边。

在惠州，朝云继续吃素学佛，与苏东坡相濡以沫，恰似一对苦中作乐的神仙。

可惜朝云三十四岁就患疟疾去世了，临终前，苏东坡紧紧握住她的手，诵读《六如偈》："一切有为法，如梦幻泡影，如露亦如电，当作如是观。"两人含泪永别。朝云将无尽的悲伤留给了身处困境、逆境中的苏东坡，去慢慢消化。更苦更难的日子很快就会降临，但苏东坡没有了贤淑的妻子和挚爱的女人相伴，夜雨孤灯，狂风毒瘴，只能与儿子苏过黯然面对了。

朝云生于杭州西湖畔，葬于惠州丰湖畔。朝云的墓址在栖禅寺附近的松林中，当地僧人建造了一座六如亭，为朝云墓遮挡风雨。六如亭的楹联是："不合时宜，惟有朝云能识我；独弹古调，每逢暮雨倍思卿。"这副对联显然是后之好事者添加的，模拟苏东坡的语气，倒也妥帖。

将近半个世纪，苏东坡先后与三位王姓女子缔结姻缘，如果说王弗、王闰之堪称苏东坡的贤妻，最晚到来的王朝云便是他的红颜知己，他为她们赋诗填词数十首，将真挚的感情化作了才情与诗情。

四川眉州三苏祠内苏氏家眷，从左至右是：王弗（苏轼第一任妻子）、程夫人（苏洵妻子）、史夫人（苏辙妻）、王闰之（苏轼第二任妻子、王弗妹）、王朝云（苏轼妾）。

苏门四学士

一位文坛领袖，受到无数读书人的敬仰和众多追随者的推崇，必定具备高出同时代人的文学才华和人格魅力。将自己铸成伟器之后，他必定还会爱惜人才，欣赏人才，发现人才，引荐人才。

在北宋文坛，欧阳修和苏东坡是公认的泰山北斗。欧阳修发现和引荐的人才很多，特别优秀的有王安石、苏洵、苏轼、苏辙、曾巩。苏东坡发现和引荐的人才更多，特别出色的有黄庭坚、秦观、张耒、晁补之。苏东坡自鸣得意的是独见之早，自觉满意的是先见之明。这些天才如同精金美玉，世人尚未赏识之前，苏东坡就用慧眼鉴定为国士。

元祐年间（1086—1093），黄庭坚、秦观、张耒、晁补之同在史馆，与翰林学士苏东坡交往密切。他们去苏家做客，苏东坡必定吩咐朝云用入口甘馨的密云龙茶款待，密云龙茶产自福建武夷山，是宋朝的北苑贡茶。苏东坡时任翰林侍读学士，给宋哲宗赵煦上课，年轻的皇帝赏贡茶给老师，很正常。由此可见，四学士能在苏府喝到密云龙贡茶，确实是非同寻常的礼遇。

苏东坡比黄庭坚年长将近九岁，属于同一辈人。起初，苏东坡在好友孙觉家里读到黄庭坚的诗文，啧啧称奇，赞许其大手笔可与古人一较高下。孙觉就趁热打铁，对苏东坡说："这位作者，目前知道他的人还不多，你在稠人广座中称赞称赞，他就会得到关注。"

"他就如同精金美玉，不接近别人，别人也会主动接近他，想要逃避盛名难上加难，哪里用得着我逢人说项！"苏东坡笑道。

黄庭坚个性强直，轻视外物而自重，他的文运好，官运却很差。后来，苏东坡路过济南，在李常家里读到黄庭坚更多的诗文，从侧面加深了对黄庭坚的了解，更加坚定了自己的看法，黄庭坚超凡脱俗，别说势利之辈难以接近他，就是苏东坡这种放浪形骸的高士，也不一定能与他交上朋友。但没过多久，黄庭坚就主动写信给苏东坡，恭恭敬敬执弟子礼，他尊重苏东坡，犹如尊重自己敬畏的师长。这对师徒从此交往频繁，书艺切磋，诗歌唱和，长达二十余年。

苏东坡之所以能够成为百代文宗，是因为他虚怀若谷，善于博采众长。苏东坡曾表示他要向黄庭坚学习，也确实效仿"庭坚体"作过诗。为此，黄庭坚愧不敢当，说自己的诗就像周朝的小国曹国和邻国，浅陋得不成其为大邦。先生就如同幅员辽阔的楚国，拥有五湖三江。……自己是一棵枯树倒入深涧大壑，遭到波涛冲撞，一万头牛都拉不动它，只有先生独力抬举……由此可见，黄庭坚对苏东坡既心悦诚服，又感激不尽。

在宋朝，翰林学士可以接近皇帝，可谓清贵之极，许多文官的理想莫过于此。元祐二年（1087）冬，苏东坡升任户部侍郎，他举荐黄庭坚代替自己成为翰林学士，这可不是什么顺水人情，而是他识才爱才的极致表现。

苏东坡与黄庭坚均为文艺全才，他们走得近，除了惺惺相惜，还有一个共同点，那就是极富幽默感。黄庭坚作《茶诗》，"曲几团蒲欲煮汤，煎成车声入羊肠"，苏东坡读后笑道："黄九怎得不穷？"别人钻进死胡同就叫倒了大楣，黄庭坚竟然一头钻进了又细又窄的羊肠，不穷才怪。

有一次，苏东坡与黄庭坚在一起探讨书法。苏东坡说："你最近的字固然清新遒劲，但笔势有时过于瘦削，有点像是树梢上挂着的蛇。"

"先生的字，在下固然不敢妄加评议，但偶尔也会觉得扁圆浅显，有点像是石头下面压着的蛤蟆。"黄庭坚立刻回敬，毫不含糊。

两人打成平手，忍俊不禁，哈哈大笑。

黄庭坚丧妻之后，断绝嗜好，吃素食，饮清水，无欲无求。晚年，他将苏东坡的画像悬挂在卧室里，每天早晨都要焚香礼拜，神色极为恭敬。有人说，他这样做未免太过谦虚了，因为论声名，他与苏东坡已不相上下。黄庭坚闻言大惊，离席躲避，他郑重声明道："庭坚只愿做东坡居士门下的弟子，怎么敢与先生平起平坐！"

如果说黄庭坚是苦行僧，秦观就是典型的风流才子，堪称宋词婉约派的一代词宗。秦观与苏东坡初识，颇具戏剧性。他听说苏东坡来扬州，就在苏东坡必经的一座古庙的墙壁上题写了一首诗，用的是东坡体的书法。苏东坡看到这首诗后，大吃一惊，连他都辨别不了这首诗究竟是自己题的，还是别人题的。在好友孙觉家，苏东坡读到秦观的大量诗词作品，拍案叫绝，击节称赏，他感叹道："此前模仿我的字迹在寺壁上题诗的作者，一定是这位青年才俊！"他们的见面也就顺理成章了。

秦观比苏东坡小十二岁，他崇拜苏东坡，经常形于辞色，溢于言表。熙宁十年（1077），苏东坡从密州太守移任徐州太守，秦观前往拜

人生智者苏东坡

谒，欢聚了一段日子。此后，他仿照李白的名句"生不愿封万户侯，但愿一识韩荆州"，写诗向苏东坡致意："生不愿封万户侯，但愿一识苏徐州！"秦观的《黄楼赋》专为苏东坡建造的徐州黄楼创作，苏东坡读后，击节再三，盛赞这位门徒有"屈（原）宋（玉）之才"。

有人告诉秦观："东坡先生夸赞你的文章如美玉无瑕，倘若较量精雕细琢的功夫，无人能够超过你！"秦观说："年少时我喜欢作赋，雕琢的习惯早已养成。正如东坡先生所讲的，对于炼字我从不畏难。但我的作品词华气弱，这是我的不足。"秦观具备自知之明，这个优点非常强大。一百多年后，元好问将秦观的诗定性为"女郎诗"，很可能也是针对他"词华气弱"的短板而言。

苏东坡视秦观为"异代之宝"，但有时他也会出语批评，用力敲打。秦观从浙江会稽到京城汴梁，拜见苏东坡。苏东坡说："真没想到你近来居然学习柳永，创作艳词。"

"虽然我没有学问，但还不至于此。"秦观辩解道。

苏东坡就拎出秦观的词句"销魂当此际"来敲打他，认为这是典型的柳永句式。敲打完毕，苏东坡问秦观最近有什么得意之作，秦观就吟诵"小楼连苑横空，下窥绣毂雕鞍骤"，苏东坡说："十三个字只描写了一个人骑马从楼前经过，未免太浪费了。"

很显然，苏东坡对秦观的词作期望值极高，他最欣赏秦观的《满庭芳·山抹微云》，在众人面前称呼秦观为"山抹微云君"。

谪居黄州时，苏东坡写信给秦观，劝他多著书，秦观此前所论练兵、治盗的篇目很好，具备实用价值，积累数十篇，即可成书。苏东坡还劝秦观在著书的同时要积极应举，争取早日考中进士。

苏东坡写给王安石的书信，《苏轼全集》里仅收录两封，其中一封书信的内容是苏东坡离开黄州后向王安石极力推荐秦观，他深知王安石的影响力巨大，倘若王安石肯在公开场合夸奖秦观几句，就能使世人重视秦观的才华和品德。

元符三年（1100）初夏，苏东坡得到命令，移居廉州（今广西合浦县），他写信告诉秦观，他正在等候泉州人许九从外地返回儋州，只有此人的渡船牢稳可靠，估计六月下旬可以出发。要是顺风满帆的话，渡船沿着海岸航行一天可到石排，第二天渡海即可到北岸的递角场。在海康县，阔别多年的师徒终于会面。

然而世事无常，只过了一个多月，秦观就在藤州（今广西藤县）光化亭（一说是华光亭）中暑而死。死前，他给客人讲述梦中所得的长短句，直讲得唇干舌燥，想要喝水，凉茶端来了，他却眼睁睁地看着它，微笑而逝。苏东坡得悉噩耗后，两天吃不下饭，他写信给欧阳元老，哀叹道："当今文人第一流，岂可复得？此人在，必大用于世；不用，必有所论著以晓后人。前此所著，已足不朽，然未尽也。哀哉！哀哉！"秦观早逝，刚过知命之年，是苏门四学士中寿命最短的一位。

张耒出生时，掌纹天然形成一个"耒"字，因此得名。张耒身材高大、体壮如牛，与许多弱不禁风、手无缚鸡之力的文人形成鲜明的反差，陈师道写诗调侃道："张侯便然腹如鼓，雷为饥声汗为雨。"大腹便便如战鼓，饥肠辘辘似雷鸣，如此描写，令人印象深刻。时值炎热的夏天，黄庭坚写诗调侃张耒，"六月火云蒸肉山"，也相当滑稽。从体貌特征方面来打量，张耒真是活脱脱的弥勒佛，圆头大耳，满面春风。这回黄庭坚写诗就不再是侧面调侃好友，而是正面表扬他了，"形模

人生智者苏东坡

弥勒一布袋（布袋和尚是弥勒佛的原型），文字江河万古流"，连人带文一起夸。张耒得"肥仙"的绰号，这个"功劳"肯定要记在同辈好友们的"功劳簿"上。

起初，张耒与苏辙交游，苏辙对其诗文赞不绝口，苏东坡向来信服弟弟辨识人才的眼光，对他的门人自然是青睐有加。张耒先后受知于苏氏兄弟，可谓幸运之极。

四朝元老富弼去世后，苏东坡接受富家后人的嘱托，撰写《富韩公神道碑》。好些日子过去了，他仍没理清行文的头绪，没找到下笔的灵感。一位以才思敏捷著称的文学大师遇到这种情形，的确罕见。

有一天，苏东坡睡午觉，梦见一位体形魁梧的老人来家做客，这人是前朝宰相寇准，两人促膝深谈，聊了很久。醒来后，苏东坡文思泉涌，立刻下笔撰写《富韩公神道碑》，原原本本，将富弼一生的功德娓娓道来，文章一气呵成。在兴头上，苏东坡让门徒张耒充当第一读者。张耒是直性子，真人面前不打诳语。他说：

"碑文结尾处有一个字不够妥帖。'公之勋在史官，德在生民。天子虚己听公，西戎北狄视公进退为轻重，而一赵济能摇之。'我认为'能'字不如'敢'字好。"

张耒用"敢"字置换"能"字，增添了结尾的神韵和感情色彩，令人看到富弼的伟大和赵济的可恶，苏东坡欣然采纳。

苏东坡做翰林学士时，张耒在史馆当值，常去苏家走动。通常，他不喜欢提问，如果他提问，就一定是个新奇的问题："先生有句诗'独看红叶倾白堕'，不知'白堕'是何物？"

"刘白堕很会酿酒，此人的姓名事迹见于杨衒之的《洛阳伽蓝记》。"苏东坡轻松作答。

张耒的脑筋还是没转过这道急弯，他皱着眉头继续问道："既然是一个古人，岂不是很难倾倒他吗？"

"魏武帝曹操的《短歌行》中有'何以解忧，唯有杜康'，也是用酿酒人的姓名来代替美酒。"苏东坡耐心解释。

"毕竟用得不当。"张耒摇了摇头，做出评判。

"你应该先去找曹家那汉交涉，怎么来这里纠缠？"苏东坡的话音一落，满座大笑。原来，苏东坡所说的"曹家那汉"，一语双关，既是指曹操，又是指张耒家的仆人曹某。曹某监守自盗，弄丢了张府制酒的器具，张耒已经报案，官府正在侦办。

乐的时候，人在一起；苦的时候，心在一起。苏东坡谪居岭南，张耒派人专程去惠州给苏东坡送信送物。苏东坡回赠桃榔方杖一根，礼轻意重。

苏东坡与晁补之的叔叔晁端彦（字美叔）同榜及第，友情很深。十九岁时，晁补之荟萃杭州山川风物中的精华，精心撰成《七述》，他斗胆去拜访杭州通判、文学大家苏东坡。苏东坡读完晁补之的文章后，感叹道："我可以搁笔了！"他还预言这位年轻才子"必显于世"。晁补之得到如此高大上的称赞，立刻声名鹊起。

晁补之好吟诗，好画竹，对谋生理财不在行，据说曾穷到全家食粥的地步。苏东坡写过一首诗，很诙谐，对这位门徒寄予的却是真心的关怀和善意的调侃：

　　昔我尝陪醉翁醉，今君但吟诗老诗。

　　清诗咀嚼那得饱，瘦竹潇洒令人饥。

试问凤凰饥食竹，何如驽马肥苜蓿？

知君忍饥空诵诗，口频澜翻如布谷。

诗中的"那得饱"就是"哪得饱"的意思。"宁可食无肉，不可居无竹。无肉令人瘦，无竹令人俗。人瘦尚可肥，士俗不可医"，苏东坡讲这话，确实风雅，但也是此一时也，彼一时也。毕竟清瘦的竹子画多了，无济于辘辘饥肠。有道是，穷饿出秀句，愤怒出诗人，但中国的诗人愤怒者不多，穷饿者倒是不少。

在苏门四学士中，晁补之可能是与苏东坡相处时间最长的一位。

宋代晁补之所绘《老子骑牛图》

元祐六年（1091），晁补之任扬州通判，过了一年多，苏东坡任扬州太守，这对师徒同衙合作，"相从江海"，总共有九个月时间。他们在一起办事，有商有量；在一起饮酒，有醒有醉；在一起赋诗，有唱有和。可想而知，这对师徒相当合拍。他们都迷恋陶渊明的作品，苏东坡和陶诗多达一百二十四首，晁补之和陶诗也不少。晚年晁补之落叶归根，修建了一座归来园，自称归来子，陶渊明的隐逸精神对他影响至深。

苏门四学士紧紧围绕苏东坡这道黄金中轴，彼此间结下深厚的友谊，书信往返，诗词唱和，把酒言欢，联袂出游，自不用说。晚年，他们受到政治迫害，纷纷遭到贬谪，遭遇最惨的是黄庭坚和秦观，两人客死异乡。

有道是，"一死一生，乃知交情"。元符三年（1100），秦观的儿子秦湛从藤州护丧北归，秦观的女婿范温在零陵（今湖南永州）等候，一同抵达长沙，正好与黄庭坚相遇，三人握手大哭。此时，黄庭坚穷困潦倒，但他仍拿出二十两白银作为赙（fù）金。秦湛说：

"先生刚从远方受苦回来，怎可耗费财力助办丧事？况且归葬的各项费用我已凑齐，我想把先生的赙金还给先生。"

"你父亲是我的同门好友，相交的情义，如同手足。他去世的时候，我未能在身边诀别，为他入殓。出葬的时候，我又不能去送他上山。我太对不起你父亲了。这笔赙金是用来表达我对好友念念不忘的心意，并不在于银钱本身。"

长者之言，感人肺腑，秦湛低下头，两眼饱含热泪，收下了这笔沉甸甸的赙金。

在苏东坡与苏门四学士之间，没有"文人相轻"，他们只有惺惺相惜，只有彼此激赏。苏东坡与王安石是政敌，但他始终承认和肯定王安石的诗文绝对一流，他指出王安石的毛病在于好为人师，强求别人向他看齐。这是正常的批评，而不是轻视。

"劲敌"佛印

佛印禅师法号了元，原本是个高富帅，有一次，在皇帝面前讨论佛法，他的见解高明，很能打动人，皇帝就说："你若肯出家为僧，朕就赐给你一张度牒（官府发的僧道出家的凭证）。"佛印进退两难，只好出家为僧。

佛印既是苏东坡的方外知交，又是斗智游戏的强劲敌手。两人都是冰雪聪明的角色，凑在一块儿，难免技痒，过起招来，十有八九，都是佛印轻松胜出。林语堂先生怀疑这些传说多半是由佛印和他的弟子编造、杜撰的。在苏东坡的方外之友中，佛印的重要性原本远远低于参寥，甚至还不如惠勤，但由于传说的强力作用，结果佛印成了大赢家。这些传说固然不可悉数当真，但苏东坡与佛印斗智的故事确实编造得很巧妙，杜撰得很有趣，能够让人笑中有悟，悟中有笑。

苏东坡在镇江作了一首赞佛的偈子，算得上绝妙好诗："圣主天中天，毫光照大千。八风吹不动，端坐紫金莲。"他洋洋得意，派人将这首禅诗送到金山寺去，请佛印禅师印证。佛印看完，全无一词称赞，信笔在诗后批了"放屁放屁"四个大字，就送回给苏东坡。东坡一见回批，心里更搁放不下，于是连夜乘船过江，要讨个说法。佛印禅师见苏东坡行色匆匆赶来，哈哈大笑道："你不是讲'八风吹不动'吗？竟然被两个屁打过江来。"

苏东坡喜欢参禅。有一天打坐时，苏东坡问佛印："在大师的法眼看来，我像什么？"

佛印双手合十，礼貌端端地说："我看东坡居士像尊佛。"

苏东坡听到这句夸奖，喜笑颜开。佛印反过来问苏东坡："在东坡居士的慧眼看来，我像什么？"

苏东坡决定开个玩笑，他说："大师食量惊人，膘肥体壮，穿件袈裟跌坐在蒲团上，活像一堆牛粪。"

面对咄咄逼人的恶谑，佛印不以为忤，口诵佛号"阿弥陀佛"。苏东坡回家后，左想右想都不对，佛印好胜心强，今天怎会轻易缴械投降？这太蹊跷了，不合常理。他转念一想，恍然大悟，参禅讲求明心见性，所见即所得，心里想什么，就会是什么。佛印夸赞苏东坡像尊佛，这说明他心中有佛，苏东坡嘲笑佛印活像堆粪，这说明他心中有粪，岂不是胜负判然了吗？这个回合，苏东坡再次败下阵来。

佛印与苏东坡曾结伴游览一座古寺，在前殿，有两尊模样威猛的大力金刚，苏东坡问道：

"这两尊金刚大力菩萨，哪尊更有力气？"

佛印不假思索，就交出答案："当然是拳头大的那尊。"

在内殿，苏东坡看到观音菩萨手持一串念珠，于是他问佛印："观音法力无边，还要念珠干什么？"

"她也像普通人那样祷告求佛啊！"

"她向谁祷告？"

"向她自己祷告。"

"她是佛，为何要向自己祷告？"

这个问题似乎钻进了死胡同，陷入了烂泥潭，佛印的回答可谓绝妙："你知道，求人难，求人不如求己！"

苏东坡任杭州太守时，他和黄庭坚经常与佛印禅师吃吃喝喝。三人中，佛印禅师的食量特别大，每回好酒好菜好点心，经他一顿风卷残云，就会所剩无几，面对狼藉的杯盘，苏东坡、黄庭坚颇为扫兴，并且以此为苦。有一天，师徒二人合计道："我们何不瞒着老和尚好好乐上一整天呢？"于是，他们背着佛印，租了一条船，备办好酒好菜，去波光潋滟的西湖尽兴游览。不料佛印神通广大，早已侦悉他们的密谋，趁苏东坡和黄庭坚还未上船，他一早就捷足先登了，藏在后仓里，嘱咐船主不要泄露"天机"。苏东坡和黄庭坚从容而至，正是清风朗月的三五之夜，苏东坡对黄庭坚说："老和尚不在座，我们何不浅斟慢酌，行行酒令，以消永夕？"

黄庭坚请苏东坡出令。东坡说："头两句即景，末尾两句用四书中有'哉'字的句子妥帖相配，还得押韵。"

黄庭坚略微沉吟，就说："浮萍拨开，游鱼出来。得其所哉，得其所哉！"

苏东坡击节赞赏，紧接着也吟出自己的得意之作："浮云拨开，明月出来。天何言哉，天何言哉？"

黄庭坚正要叫好，哪料到藏在后仓的佛印早已心痒难挠，见他们又喝酒又行令，好不快活，实在按捺不住了，就从舱板下钻出身子，也抛出一则酒令："浮板拨开，佛印出来。人焉廋哉，人焉廋哉？"

"廋"字的意思是"藏匿"，"人焉廋哉"的意思就是"人怎么藏得住呢"。佛印重现江湖，可想而知，顷刻间，盘盂碗盏四大皆空。

这三则酒令既风趣又风雅，很可能是后之好事者杜撰出来的，苏、黄两位奇士何至于小儿惜饼？佛印禅师又何至于饿虎扑食？但杜撰者确实下了一番真功夫，并未辱没先贤，他把酒令最高妙的一面表现得淋漓尽致。

说到佛印好吃，还有一个小故事值得一提。苏东坡和黄庭坚住在金山寺，有一天，他们想做点吃食解解馋，打面饼是个不错的主意。于是他们约定，这次打饼，要瞒着佛印禅师，要不然，出力的是他们，坐享其成的却是佛印。面饼熟了，两人点过数目，先把十个面饼供奉在观音菩萨的莲座前，然后他们燃香爇（ruò）烛，虔诚祈祷。佛印是个天眼通，这种美事怎能瞒得过他？他预先躲在神帐里面，趁二人跪拜祷告时，伸手偷拿两块面饼。苏东坡向菩萨行完礼，起身一看，两块面饼不翼而飞，这一惊非同小可，于是他又跪在蒲团上，祷告道："菩萨神通广大，既然乐意试吃面饼，何不显形见个面？"

在神帐内，佛印瓮声瓮气地回答道："我若有面，就与你们合伙操办了，岂敢妙手空空，前来叨扰？"

这回，佛印占到了便宜，苏东坡也没吃什么大亏，无非是给老友一个顺水人情，两人算是打成了平手。

"鸟"这个字是宋朝国骂中的热词，在《水浒传》里，"鸟人"一词出现的频率相当高。苏东坡决定玩文字游戏，给佛印一点颜色瞧瞧。他对佛印说：

"古代诗人喜欢用'僧'字对'鸟'字。比如说，'时闻啄木鸟，疑是叩门僧'，'鸟栖池边树，僧敲月下门'，我佩服古人用'鸟'对'僧'的聪明。"

人生智者苏东坡

"依我看来,这就是为何我以'僧'的身份与你对坐的理由了。"佛印言毕,哈哈大笑,苏东坡又折了一阵。

当然啦,苏东坡与佛印斗智,也不是次次都落于下风。佛印是出家人,高僧而有名士风,他顿顿都要有好酒好肉才能过活。相比而言,济公和尚破帽遮头,破衲披身,破鞋行路,破扇摇风,动不动就说"酒肉穿肠过,佛性心中留",都只能算作佛印隔世隔代的晚辈。

有一天,佛印煎了条鲜鱼下酒,正巧苏东坡登门拜访。佛印情急之下,慌忙把那条清蒸鲜鱼藏在大磬(木鱼)下面。清蒸鲜鱼可以藏起来,但香味却藏不住。苏东坡嗅觉灵敏,他扫了一眼茶几,茶几附近有个大磬,十有八九东西就藏匿在下面。径直点穿就不好玩了,也不高明。苏东坡计上心头,故意紧锁双眉,装出困惑的样子,对佛印说:"今天我来向大师请教,'向阳门第春常在'的下句是什么?"

佛印不及细想,脱口而出:"积善人家庆有余。"

"既然磬里面有鱼(磬与庆谐音,余与鱼谐音),那大师就积点善吧,把它拿出来分享。"苏东坡拊掌大笑。

明显吃了个哑巴亏,佛印呵呵一乐,叫小沙弥添上一个酒杯,两位

江西景德镇佛印湖,宋代高僧佛印曾到此浏览,后人为怀念他,曾将此湖改名为佛印湖,又称佛印香荷塘。佛印与苏东坡相交甚厚,苏东坡曾不远千里专程到此拜访他。两人常在湖边吟诗、作对、品茗、下棋。

好友就着那条清蒸鲜鱼大快朵颐。

患难见真交，在道义上彼此扶持，善意的举措就是将好友引领出精神困境。绍圣初年，元祐党人遭到政治迫害，苏东坡被贬谪到岭南惠州。佛印在金山，由于路途遥远，交通不便，投寄书信犹如石沉大海。卓契顺是苏东坡的"铁杆粉丝"，他慨然而起，愿意充当信使。卓契顺说："惠州不在天上，就算远隔千里，走路总能到达。"

于是佛印修书一封，这封信的大意是：我曾读韩愈（字退之）的《送李愿归盘谷序》，李愿怀才不遇，尚且能够在茂林中安坐终日。子瞻（苏东坡字子瞻）中过进士，登过帝王的宫殿，做过翰林学士，现在被远远地流放到人烟稀少的地方。那些权贵害怕什么？他们害怕子瞻做宰相。人在世间生活一辈子，就如白驹过隙，只不过一眨眼工夫，二三十年的富贵，转瞬成空。你何不一笔了断，找回自己的本来面目。万种劫难常在人间，只要你拥有足够的定力，就永远不会堕落。纵然你到达不了如来佛的境界，也可以驾鸾凤乘仙鹤，飞翔于蓬莱三岛上，做不死的神仙。何必胶柱鼓瑟，守株待兔，陷身在恶劣的情绪之中。从前有人询问禅师："佛法在什么地方？"禅师回答道："佛法无时无处不在，行住坐卧，穿衣吃饭，屙屎撒尿，没理没会，死活不得，都与佛法毫无隔膜。"子瞻胸中藏有万卷书，笔下没得一点尘，到了这种境地还不知性命在哪里，一生的聪明才智要它有什么用？倘若子瞻能站稳脚跟，有所承当，把一二十年的富贵功名看得像泥土一样轻贱，就能脱离苦难。努力向前，珍重！珍重！

应该说，苏东坡晚年寄身海外，吃尽千辛万苦，而能保持安稳的心态，时时不失乐观，与佛印的开导直接相关。

佛家的顿悟

六祖惠能是唐代高僧，是禅宗五祖弘忍的弟子。惠能在寺庙里舂米砍柴，大字不识半箩，但他悟性极佳，无人能及。五祖弘忍年事已高，决定将衣钵传给一名最优秀的弟子，于是他出题让大家创作偈句。大弟子神秀的偈句一出，立刻引起哄动："身是菩提树，心如明镜台。时时勤拂拭，莫使有尘埃。"大家认为神秀的偈句写得太出色了，已无法超越。惠能却不以为然，他的偈句针锋相对，等于当众将神秀的杰作打了低分："菩提本无树，明镜亦非台。本来无一物，何处惹尘埃。"佛家讲究五蕴皆空，不染不着，顿悟才是最高境界。惠能的顿悟功夫一骑绝尘，五祖弘忍看在眼里，喜在心头，但他不动声色，选在深更半夜，将衣钵秘密传授给惠能，让这位禅宗新传人连夜启程，去岭南弘扬佛法。

六祖惠能跋山涉水，风雨兼程，沿途遭受了许多苦楚，最终抵达韶关。驻锡于曹溪宝林寺，弘法数十年，因此被尊称为"曹溪六祖"。他留下了一部光照千古的《坛经》，教导了数以万计的弟子，取得了"一花开五叶"的辉煌成就。

肝　胆

胆小和胆大

苏东坡是北宋词坛豪放派的典型代表。冲"豪放"二字，人们就会先入为主，认定他豪情盖世，大胆包天，要不然，怎么可能写出《念奴娇·赤壁怀古》中"大江东去，浪淘尽、千古风流人物。故垒西边，人道是，三国周郎赤壁。乱石穿空，惊涛拍岸，卷起千堆雪。江山如画，一时多少豪杰"那样的词句？事实上，苏东坡既有胆小的一面，也有胆大的一面。有时候看去，他胆子很小，如履薄冰，如临深渊，战战兢兢。有时候看去，他胆子很大，敢顶宰相的牛，敢驳皇帝的面子，连身家性命都不顾。所以我们不能简单地认定他是一个胆小的人，或是一个胆大的人。

常言道，有比较才能有鉴别。苏东坡的参照对象是章惇。二十多岁时，他们在长安一见如故，同场考中进士，苏东坡对相识的人说："子厚（章惇字子厚）奇伟绝世，当是一代异人。至于功名将相，乃其余事。"苏东坡对章惇评价可不是一般的高啊！

二十七岁左右，苏东坡任凤翔府节度判官，章惇任商州推官，两地相隔很近，公务之余，他们经常结伴出游。有一次，到了南山仙游潭的悬崖边，苏东坡止步不前，章惇却履险如夷，稳步走过断壁间的独木桥，神色未变。还有更令人吃惊的，章惇意犹未尽，将长索系在树上，缒绳而下，用带来的漆墨在峭壁上题写了"章惇苏轼来游"六个大字。

事情做完了，他仍从原路返回。苏东坡在一旁瞅着章惇大显身手，不免步步惊魂，章惇却只当是家常便饭，小菜一碟。从这件事情，苏东坡瞧出了端倪，他拍拍好友的后背，用诙谐的语气说："子厚必能杀人！"

对于这个冷不防的"夸赞"，章惇如同丈二和尚摸不着后脑勺。苏东坡给出的解释是"敢于玩弄自己性命的人，自然敢取别人的性命"。应该说，苏东坡的这个判断非常准确。晚年，章惇当上宰相，手段异常凶狠毒辣，害得许多正直的大臣和中层官员家破人亡，妻离子散。

某天，章惇坦腹而卧，恰巧苏东坡进门看到，章惇抚摸着肚皮问道："子瞻，你说我这肚皮里面都装了些什么？"

"全是谋反的家底子！"苏东坡调侃道。

章惇闻言大笑。你想想看，敢谋反的人胆量还能不大吗？

有一回，章惇与苏东坡在庙里喝酒，突然有人跑来传讯，说是山上有一头老虎出来晒太阳，于是他们仗着酒劲酒胆，一同骑马去看个新鲜。老虎果然蹲伏在一块空敞的草地上，口中嗷嗷有声，两眼眈眈而视，射出的凶光令人毛骨悚然。人与虎相距仅有几十步远，坐骑受惊，不敢向前。苏东坡顿时吓出一身冷汗来，醉意全无，他对章惇说："马都吓成这样，太危险了，还不快走！"

苏东坡掉转马头，离开现场。章惇却继续挺进，将一面铜锣在岩石上猛然擿响，这样一来，就轮到那头老虎大惊失色，仓皇逃窜了。事后，章惇返回庙里，对苏东坡说："临危历险，你的表现肯定远不如我！"

俗话说，"撑死胆大的，饿死胆小的"，这话有几分道理。章惇的官爵确实高于苏东坡，他当过宰相，既能干，又敢干，不怕得罪同僚，打击元祐党人尤其下得去狠手。他迫害老朋友苏东坡，恨不得直接将对方赶进大海去喂鱼；他清算已故大臣司马光，竟要刨坟斫棺，尽管未能如愿，但他征得皇帝的同意，推倒了司马光的墓碑，褫（chǐ）夺了他的封赠。

很长时间内，苏东坡和章惇都是朋友圈中的密友。乌台诗案后，苏东坡被贬谪到黄州，许多朋友疏远了他，避之唯恐不及，章惇却依旧嘘寒问暖，写信忠告苏东坡不要再写诗讽刺时政。这样深厚的友谊，后来怎么会反目成仇呢？原来，章惇有一块心病，就是特别害怕别人揭穿他的身份老底。章惇认为苏东坡写诗故意暗示和存心调侃他的私生子身世，触犯大忌，因此勃然大怒，加上两人后来政见也不合，他对苏东坡恨之入骨，整治苏东坡可谓不遗余力。

有个成语叫"忠肝义胆"，意思是忠心耿耿，仗义行事。"义"与"胆"紧密相联，绝非偶然。"义"字不露面，"险"字当前，苏东坡会害怕悬崖和老虎。"义"字当前，"险"字退居其次，苏东坡连皇帝的过失也敢酷评。

熙宁二年（1069），王安石变法，主张变科举，兴学校，苏东坡认为这个手术做得太大，没什么必要。他说："得人之道，在于知人。知人之法，在于责实。"如果皇帝和宰相有知人之明，朝廷有责实的政治措施，无论实行科举考试，还是兴办学校，人才都不会匮乏。反之，重要官职就会用人不当，科举和学校又有什么用？以前各地也办过学校，却徒有空名。科举实行了百年，进步有目共睹，现在的办法更精了，文章更优了，人才更多了，办事效率更高了。当然也有必要做些微调，动摇根本却是失策。宋神宗赵顼看完苏东坡的奏章，非常认可，召见他，对他说："如今政令的得失在哪里？就算是朕的过失，你也可以直言指陈。"

苏东坡回答道："陛下有生而知之的天赋，具备文武全才，不怕不英明，不怕不勤勉，不怕不果断，只怕求治太急，听言太广，进人太快。希望陛下能够镇静自若，等待机会到来，然后巧妙应对。"

宋神宗听了苏东坡的话，内心为之一震，他说："你这三句话，朕应当深思熟虑。今后你在馆阁，应当为朕深思治乱，不要有所保留。"

事实上，苏东坡也是知无不言，言无不尽。元宵节办灯会，宋神宗要宫中太监购买浙灯，并且让商户以优惠价出售。苏东坡听说后，立即上奏，进谏道："陛下岂是要看灯取乐，此举不过是为了让皇太后高兴，但老百姓对陛下的想法不可能家喻户晓，很可能产生误会，以为陛下用耳目不急的玩艺夺走他们口体必用的本钱，这件事情很小，但事体很大，希望陛下追回成命。"

宋神宗从善如流，立刻停办这件事。

王安石的新法初衷是好的，但由于他在一些关键职位上用人不当，新法具体实行时多有偏差，因此民间怨声载道。苏东坡批评王安石变法的后果，主要在这样三个方面：一是人心寒了，二是风俗坏了，三是纪纲乱了。政府与民争利，小人上下其手，富人变穷，穷人更苦。新法实行将近一年，强国富民的功效却不见踪影，只听说宫里倒贴了数百万缗钱，祠部出具了五千多人的度牒（用来换钱），就这么点成绩，谁干不来呢？要知道，宋神宗对王安石极其信任，在变法方面，他们是秤不离权，权不离秤，苏东坡这么酷评王安石变法，岂不是胆大包天吗？为了让宋神宗了解实情，听到真话，苏东坡敢于冒险。

离开黄州后，苏东坡写信给堂侄苏千之直抒胸怀，独立不惧的人，只有司马君实（司马光字君实）与叔叔兄弟二人（苏轼和苏辙）。万事交给命运去安排，正道直行，即使遭到流放贬谪，所获得的好处、益处仍然很多。一个人要有多大的胆量才能够独立不惧？独立不惧的人又怎么会是懦夫？在熙宁新党压制清议的大环境下，苏东坡敢于发声，敢于表态，敢于向皇帝进言，那些政敌视他为眼中钉、肉中刺，放暗箭，发毒镖，进谗言，造谣诼，下挠钩，这样做，恰恰证明他们人格卑劣，与苏轼是云泥之别。

多知道点

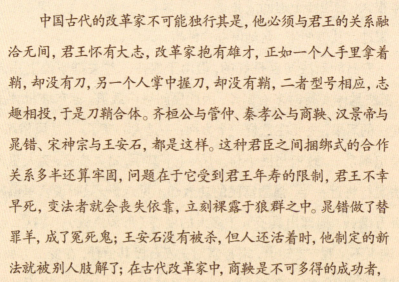

古代变法难度大

中国古代的改革家不可能独行其是，他必须与君王的关系融洽无间，君王怀有大志，改革家抱有雄才，正如一个人手里拿着鞘，却没有刀，另一个人掌中握刀，却没有鞘，二者型号相应，志趣相投，于是刀鞘合体。齐桓公与管仲、秦孝公与商鞅、汉景帝与晁错、宋神宗与王安石，都是这样。这种君臣之间捆绑式的合作关系多半还算牢固，问题在于它受到君王年寿的限制，君王不幸早死，变法者就会丧失依靠，立刻裸露于狼群之中。晁错做了替罪羊，成了冤死鬼；王安石没有被杀，但人还活着时，他制定的新法就被别人肢解了；在古代改革家中，商鞅是不可多得的成功者，他制定的法令使秦国日益强大，自己却被车裂而死。

直如弦

汉代的民谣说："直如弦，死道边；曲如钩，反封侯。"这是一种具有悲愤色彩和讽刺意味的说法。一个人像弓弦一样正直，却死无葬身之地；像秤钩一样弯曲，反倒能够富贵荣华。性格的形成，通常是先天一半，后天一半，先天的秉赋与生俱来，无法更改，后天的修为逐日养成，可以变易，所以，有的人受到社会严厉的教训之后，性情大变，但也有少数人，不管吃过多少苦，受过多少罪，他们的个性都始终如一。苏东坡就是少数人中的一个，因为正直敢言，他九死一生。

苏东坡心直口快，藏不住事，也藏不住话，他说："就像吞下的食物中有只苍蝇，非吐出来不可。"与他同年进士的好友晁美叔每次见他实话实说，不留余地，就劝他戒口，不要逢人都说十分话。苏东坡解释道："我被仁宗皇帝擢选在贤良方正科，年长的大臣，都是我的知己。皇上在便殿接见我，我有什么建议，都得到赞许和接纳。后来多次递上奏章，尽管言词激烈，多有冒犯，皇上也都优容有加，从未发怒。我不说实话，谁还应该说实话？"

晁美叔听他这么一讲，就沉默了。苏东坡大声叹息，反复再三，然后对晁美叔说："朝廷要是果真下令杀我，区区小命何足珍惜！不过有一件事情是摆明了的，杀了我，好了你！"

这话落音，两人相视大笑。

正直的人通常会疾恶如仇，苏东坡却并非如此，他在是非之内没

人生智者苏东坡

商量，在是非之外无计较，他的性情非常阳光，毫无城府，信奉的是泛爱主义，与谁都能打交道，都能谈笑风生。苏东坡曾说："我上可以陪玉皇大帝，下可以陪卑田院（相当于后世的收容所）乞儿。"

苏辙的性情与哥哥相反，他沉默寡言，从不随便与人结交，他多次规劝哥哥慎重择友，可他的话都变成了耳旁风。苏东坡说："在我眼前，天下无一个坏人，这确实是无药可医的毛病。"

苏辙监筠州酒税，苏东坡去看望他，苏辙苦口婆心，规劝哥哥慎言慎交，以免招祸。及至在郊外饯别时，苏辙没说一句话，只指着嘴提醒苏东坡别再逢人就掏心窝子，千万小心祸从口出。

在北宋诗坛，苏东坡独执牛耳，他的审美水平高，择取尺度严，歪诗难入法眼，这很容易理解，他心直口快，对同时代的名家诗文多有评议，而且实话实说，不肯预留几分薄面，这就难免会得罪那些自命不凡的骚客。

方惟深（字子通）颇具诗才，他的诗作长于写景，情景交融，得到过宰相王安石的激赏，方惟深的几首诗被后人当成王安石的作品，收入《临川集》（王安石文集），绝非偶然。苏东坡读过方惟深的诗，却从未给过佳评，这使方惟深心里很不服气，只要有发言的机会，他就将苏东坡贬得半文不值，说什么"谣言袭语，使驴儿马子决骤"，意思是：大家人云亦云，因此使驴儿马驹狂奔。这跟"时无英雄，遂使竖子成名"的意思差不太远。胡文仲列举出苏东坡的名句"清寒入山骨，草木尽坚瘦"来辩护，方惟深不以为然，反唇相讥："他作的诗多，自然会有一句两句对得上板眼。"

如果说苏东坡是大海，方惟深就是一口深井，深井自有深井存在的价值，不可抹煞，但深井瞧不起大海，总显得有些莫名其妙。苏东坡的幽默表达太有才了,也太有刺了,因此给自己招来许多不必要的麻烦,方惟深是一介布衣,只在口舌方面争一口闲气,倒没什么,倘若那些官场上的竞争对手和政敌受到他的批评,恨之入骨,后果就很严重。

苏东坡反对王安石变革科举,已经引起新党不快,他反对王安石变更法度,更是招致新党群起而攻之。他认为新法不便,反对王安石与民争利,劝导宋神宗赵顼"结人心,厚风俗,存纪纲",等于猛然扇过去三记大耳光,令王安石和他的新党成员脸颊滚烫。

事实上,朝廷推行青苗法,老百姓只有理论上的好处,遇上歉收,粮食不够吃,只能忍饥挨饿,遇上丰收,粮食是有了,但还不清欠债,就会锒铛入狱。富人为穷邻居担保,其结果多半是倾家荡产。国家的财政收入逐年下降,小商户纷纷破落,全国人口锐减,背井离乡、四处乞讨的流民越来越多。

熙宁七年(1074),宫门守吏郑侠冒着坐牢的危险,通过官方的邮路,将他绘制的《流民图》呈献给宋神宗。两位太后看到《流民图》后,不禁流泪罢食,感叹道:"安石乱天下!"宋神宗也对变法的前景产生了怀疑。有人说,宫门守吏郑侠"打倒"了当朝宰相王安石,动摇了新法的权威,其实王安石垮台的根本原因是求治太急、用人不当。

即使苏东坡没有写诗批评时政,他也会遭到清算。苏东坡心直口快,有一说一,有二说二,总是充分表达自己的不同政见,这样做,使他在御史台大狱中蹲了一百多天,使他在黄州受到管制一千多日,但他仍然没有学乖。新党垮台后,旧党上位,司马光执政,苏东坡进入权力中枢。按理说,一个人年纪大了,就会变得世故圆滑,遇事三思而后行。"世事洞明皆学问,人情练达即文章",这十四个字,是许多读书人的座右铭。苏东坡确实是公认的学问大家和文章大家，但他与世俗的"学问"和"文章"近乎绝缘，是个不折不扣的异数。在写给杨元素的信中，苏东坡说：昔日的君子，只认王安石为导师。现在的君子，只跟着司马光亦步亦趋。尽管他们追随的对象不同，但紧跟的做法是一致的。我与温公（司马光）相知最深，始终无间，但从未做过他的跟屁虫。

司马光废除新法，规复旧章，苏东坡不赞成矫枉过正，他认为新法并非一无是处，也有一些可取的地方，应该予以保留。比如免役法就比差役法强，"农出谷帛以养兵，兵出性命以卫农，天下便之"，应当予以保留，兴利除弊之后，即可趋于完善。司马光非常固执，凡是王安石制定的新法他就不加甄别，全盘推翻，两人为此相持不下。既然争论不出结果，苏东坡就把自己的想法拿到政事堂去公开讨论，司马光对此非常生气。苏东坡说：

"多年前，韩魏公（韩琦被封为魏国公）要在陕西义勇的手背上刺字，您是谏官，争论不休，韩公不高兴，您也没顾那么多。我曾听您详细追述，难道您现在做了宰相，就不许我畅所欲言了？"

司马光毕竟是一位正人君子，听苏东坡这么说，就一笑了之。

苏东坡性子直，得罪的人多。有的人是君子，有风度，有器量，你得罪了他，当时他会不舒服，事后则不复萦怀。有的人也是君子，但风度有限，器量太窄，你得罪了他，他会没齿难忘，恨你一辈子。

司马光去世后，丧礼由理学家程颐主持，他不让司马光的儿子司马康在灵柩前向客人还礼，理由是，真正的孝子必定哀伤过度，不能见客。那天，朝廷举行大典，大家唱了歌，典礼结束后，大家决定去司马光家吊丧，程颐出面阻拦，他说："你们读过《论语》，'子于是日哭，则不歌'。"

苏东坡对程颐的迂腐之见不以为然，他反驳道："《论语》上并没有说，子于是日歌，则不哭。"

苏东坡不顾程颐的阻拦，带领百官去司马光的灵柩前行礼，离去前，大家照例以袖拭目。苏东坡见孝子司马康没有出来还礼，感到奇怪，一问才知道，这是程颐的主意。于是苏东坡当众调侃道："伊川（程颐是洛阳伊川人，门徒称他为伊川先生）可谓糟糠鄙俚叔孙通！"程颐又羞又恼，满面通红。叔孙通是秦末汉初的大儒，为汉高祖刘邦制定过朝廷礼仪。苏东坡的这句话讽刺程颐食古不化，只学得儒家的皮毛和糟粕，根本不入流。程颐是著名的理学家，又是洛党（元祐年间，反对王安石新法的党派之一，以程颐为领袖，朱光庭、贾易为羽翼，因程颐是洛阳人，故有此称）领袖，何曾当众受到过这样的挖苦和羞辱？他对苏东坡的仇恨变成了解不开的死结，往后洛党成员对苏东坡的攻击火力之猛烈，可想而知。

元祐二年（1087），苏东坡任翰林侍读学士，教宋哲宗赵煦读书。每次涉及治乱兴衰、邪正得失的主题，苏东坡都会反复开导，希望年轻的皇帝能够有所感悟。哲宗虽然一声不吭，有时也会点头赞同。有一次，苏东坡读完宋太祖的《宝训》，谈及时事，他说："如今赏罚不明，善恶得不到奖惩。黄河正在流向北方，却强行将它拉直。夏军侵犯西疆，杀死和掳掠了数万人，边防统帅却隐瞒实情。每件事都这样，恐怕会变成衰乱的苗头。"

苏东坡的直言就是预言，四十年后，宋徽宗、宋钦宗就饱尝了靖康之耻，大宋的子民就惨遭了亡国之祸。

宋哲宗赵煦

宋哲宗赵煦(1076—1100),宋神宗的儿子,十岁继位。太皇太后高氏垂帘听政,对赵煦管束极严,将他的自由空间压缩到最扁最小。赵煦好色,在宫中却很难接触到年轻美貌的女子。元祐年间,大臣上朝奏事,全都对着高太后讲话,枯坐一旁的哲宗形同傀儡,常常只呆看着大臣们的背影和侧影。他还有一个大难堪,生母朱氏享受不到应有的尊重和待遇。处境如此,赵煦的心情极端压抑,无比愤懑。高太后重用保守派人士,将激进派人士逐出朝廷,贬谪到远州穷县。从此保守派和激进派的政治斗争趋于白热化,到了水火不容、你死我活的地步。

元祐八年(1093),高太后去世。宋哲宗收回久已旁落的皇权,仿佛触底反弹,改年号为绍圣(意在继承他父亲的遗志)。他启用新党首领章惇担任宰相,恢复宋神宗时期颁布的各项新法,变本加厉地收拾旧党成员。苏东坡被贬谪到岭南惠州即在这一时期,尽管他做过宋哲宗的老师,也毫无通融的余地。可见赵煦憎恨元祐大臣们到了何等可怕的程度。

宋哲宗只活了二十五岁,他在位十五年,独掌皇权仅有七年,唯一可圈可点的业绩是:宋朝对西夏大举用兵,终于取得了一场久违的胜利。

判案的秘诀

苏东坡是大文豪和艺术家，才华横溢，具有多方面的高超本领。他做地方官，审案判案，治军治盗，表现亦不同凡响。

古代的行政长官必须将一部分精力倾注在社会治安上，唐朝的狄仁杰和宋朝的包拯就是典型中的典型。狄公神通广大，算无遗策。包公铁面无私，不畏权贵。他们早已是家喻户晓的传奇人物。苏东坡审案判案，处处体现出"法律不外乎人情"的悲悯意识，对弱势平民多有保全。

四十四岁时，苏东坡任杭州太守，遇到一桩经济纠纷案：某个年轻店主欠债，被人追讨，他申辩自己并非赖账不还，只因店里进了二十把素绢团扇，意外碰上阴凉天气，全部滞销，资金暂时周转不灵。

苏东坡听完被告的陈述，微微一笑，计上心头。他派人去被告的店铺里取来所有绢扇，然后当庭在扇面上题词作画，草书龙飞凤舞，写意画竹瘦岩奇。大约一个时辰，如同变戏法，苏太守就将二十把素绢团扇全部变成了高雅精美的艺术品。他轻捋长髯笑道："拿去还债吧，应该绰绰有余了。"

被告如逢大赦，喜出望外，没等他前脚跨出衙门，回到店铺吆喝，消息已经在杭州城里传开了。苏太守在素绢团扇上题词绘画，给吃官司的商人变现，这岂不是破天荒头一遭吗？尽管每把素绢团扇的售价高出原价十倍以上，仍然一抢而空，那些迟到的人不免扼腕叹息自己的腿脚太短。

还有一个案子更有趣，南剑州（今福建南平）有个书生叫吴味道，他进京赶考，因为犯下冒名欺诈罪和逃税罪被官差逮捕归案，在两件大行李上，签条注明"交京都竹竿巷苏侍郎子由"。吴味道究竟冒用了谁的署名权？又为何要逃税？说起来不可思议，他冒用的是苏东坡的署名权。"苏侍郎子由"即门下侍郎苏子由，不是别人，就是苏东坡的胞弟苏辙（字子由）。至于吴味道为何逃税，还得从头说起。

苏东坡审理此案，不绕弯子，不兜圈子，直奔主题，他问吴味道："你的两件行李全都沉甸甸的，里面究竟装的是什么要紧的物什？"

吴味道面红耳赤，从实招来："学生很羞愧，对不起大人！由于家境贫寒，学生进京赶考，盘缠没有着落，亲友就合计送给学生两百匹绸子，好到京城兑换现金。学生很清楚这些绸子沿途过关要抽取税金，恐怕到了汴梁，所剩无几。学生就打起了小算盘，苏氏兄弟的大名如雷贯耳，天下无人不知，倘若贴上这张签条，就可蒙混过关，赚得免税的便利。万一因此获罪，也能向苏大人求情。愚生自作聪明，做了蠢事，敬请苏大人恕罪！"

这桩案子算不上大案要案，苏东坡有权自由裁量：判得重点，给被告定个一年半载徒刑，吴味道的前程就报废了；从轻发落，将吴味道申斥一番，无罪释放也毫无妨碍。苏东坡选择了更为妥当的结案方式，将自己的善心美意发挥得淋漓尽致。他吩咐掌笺吏撕下旧签条，贴上他亲笔写的新签条，还写了一封短信给苏辙，由吴味道带往京城。

案子结了，苏东坡笑道："你只管放心去汴京赶考，上天去也无妨了，保准不会有任何税吏找你的麻烦，就算他们胆子大，手段狠，把你捉到皇上面前，你也会平安无事。"

吴味道又是感激，又是惊异，眼睛里快要飘出泪花来。他苦读了二三十年古书，何曾见识过这样的例子？一位大名鼎鼎的文豪，天下士子心目中的泰山北斗，遇到别人冒名欺诈，竟然不责怪，不惩罚，还如此热心热肠，义助微不足道的小人物，处处为他着想。

翌年，吴味道考场大捷，中了进士，他满怀感恩之情，写了一封长信表达谢意。有此奇遇和善果，苏东坡欢喜无量，主动邀请他来府中做客，优礼相待。

如果你认为苏东坡只能处理和判决这样的小案子，那你就大错特错了。在治军治盗方面，他既有铁腕，又有谋略。

苏东坡任密州太守时，有盗贼在州中作案多起，安抚司派遣三班使臣带着大队士兵来缉捕盗贼，这些凶暴的士兵恣意妄为，甚至用一些禁物诬陷无辜平民，冲进老百姓家争斗杀人，事后畏罪潜逃，准备聚众作乱。老百姓都跑到州府来控诉，苏东坡故意将诉状扔在地上，大声说："事情的原委肯定不是这样的！"

那些逃散的士兵听说之后，个个沾沾自喜，不再担心受到处罚。

过了一些日子，苏东坡派人去好言好语将他们从山中招回，全部依法处斩。

苏东坡任颍州太守时，州中有个大盗叫尹遇，长期为害一方，他手下的匪徒极其凶悍，多次侵害当地的老百姓，还杀害了几位巡捕和一些士兵。那些受害者的家属惧怕尹遇报复，都不敢去州府报案。苏东坡对汝阴县尉李直方说："要是你能够擒获这些大盗，本府必定向朝廷极力举荐，请求重赏。如果你抓不到尹遇，本府会认为你不作为，上奏朝廷将你免职。"

李直方要求回家一趟，与母亲诀别之后，就带领手下出发了。他侦察到大盗尹遇盘踞的巢穴，带领手下捕获其党羽，还亲自上阵，刺伤尹遇，将他活捉。可是朝廷对此案吹毛求疵，未能论功行赏。苏东坡希望朝廷参考他当年的劳绩，转赠给李直方七品官阶，作为奖赏，但没有获得批准。直到他离任，这件事都没有办妥，苏东坡为此深感遗憾。

苏东坡去定州任太守之初，他发现当地的军务已废弛，边防将士骄横懈怠，军官蚕食军饷，前任太守不敢处置他们。苏东坡抓捕贪污的军官，将他们发配到边疆，然后修理营房，禁止醉酒赌博。士兵的衣食渐渐充足了，于是严明纪律，苦练阵法。士兵循规蹈矩，但个别军校惴惴不安，告发上司贪污，苏东坡喝斥道："这件事我自会处置，如果准许下级军校动不动就控告上级军官，军纪岂不会荡然无存！"

苏东坡立刻处罚了这位军校，受惊的将士这才安定下来。那位桀骜不驯、骄悍无比的老将王光祖也收敛了他的坏脾气，服从苏东坡的调遣。

苏东坡呵护穷人和弱者，打击强盗土匪和骄兵悍将，他被百姓、士兵视为好官良将（宋朝各州太守均为当地的政府首脑和军队长官），就并不奇怪了。

审判官的羞愧

熙宁四年（1071），苏东坡任杭州通判。作为地方官，他必须执行朝廷颁布的新政策，看到百姓吃苦头，他于心不忍。

大年三十，官厅里关满了犯人，由于提审任务繁重，苏东坡迟迟不能下班，难免烦躁，吟成五言古诗一首，题于厅壁：

除日当早归，官事乃见留。

执笔对之泣，哀此系中囚。

小人营糇粮，堕网不知羞。

我亦恋薄禄，因循失归休。

不须论贤愚，均是为食谋。

谁能暂纵遣？闵默愧前修。

民和官都是为了谋食，可是民不得脱罪安生，官不能回家过年。之后，苏东坡寄诗给弟弟苏辙，为自己"坐对疲氓（疲惫的贫民）更鞭箠"深感羞愧。

元祐四年（1089），苏东坡再度来到杭州，担任太守，除夕那天，监狱里空空如也，官吏都已回家过年，他感到十分欣慰，又步原韵作了一首新诗。

人生智者苏东坡

行善和造福

苏东坡不仅是文艺全才，诗、词、文、赋、书、画样样精奇，而且性格豪爽，态度乐观，人品正直，心地善良，所到之处，行善积德，造福百姓。

善意是发自心底的，犹如甘泉源于地下。苏东坡看到别人生前受苦，死后失葬，就会大动恻隐之心。进士董传是个书呆子，不会谋生，家徒四壁，他想得一官，娶一妻，然而始终未能如愿。董传死后，他的遗体寄放在寺庙中，寡母和小弟在家，心有余而力不足，苏东坡为此专门写信给宰相韩琦，请他垂怜，设法使董传早日入土为安。

三十八岁时，苏东坡出任密州太守，当地遭遇大饥荒，老百姓有断炊之忧，被迫卖儿卖女。苏东坡盘点本州库存，拨出数百石大米，专门收养弃儿，每人每月配给六斗大米，救活了数十人。那些幸存的孩子无不视苏太守为再生父母。

四十四岁那年，苏东坡谪居黄州（今湖北黄冈），总共待了四年零两个月。他建房，种地，植树，养猪，酿酒，《前赤壁赋》《后赤壁赋》《念奴娇·赤壁怀古》就是他在这个时期的代表作，至今脍炙人口。

当年，黄州、鄂州等地有溺死初生婴儿的野蛮风俗，北宋的刑法规定，长辈故意杀害儿孙，判处两年徒刑，乡下农民只图自己清省，根本不管那么多，这与地方官的熟视无睹和姑息纵容有很大的关系。苏东坡信佛学佛，以慈悲为怀，有恻隐之心。佛家认定，在众多杀生的罪孽中，祸及胎儿，罪不可恕，因为胎儿无辜。苏东坡有好生之德，但他是待罪之身，不能直接干预地方事务，于是他与黄州太守徐君猷沟通，并且写信给鄂州太守朱寿昌，希望他们晓喻官民，强调法律，以罚款和判刑相威慑，尽快革除黄州和鄂州两地的恶风陋俗。在写给朱寿昌的信中，苏东坡举了个历史上有名的例子，西晋大将王濬曾任巴郡太守，当地穷人有杀婴的陋俗，王濬就立法保护婴儿的生命权，减免穷人的各项负担，几年内挽救了数千名婴儿的生命。后来，王濬统军征伐东吴，那些被王濬救下的婴儿已长大成人，入伍当兵，父母就对儿子说："王府君让你活了下来，你一定要誓死效忠于他！"这封信对鄂州太守朱寿昌的激励作用显而易见。

苏东坡还牵头成立了一个民间组织——救儿会，由心地善良的邻居古某担任会长。救儿会向富人募捐，每位会员捐助十缗钱，多捐不限，这些钱的用途是为那些获救的孩子买米、买布、买棉被。古某管理银钱，安国寺的一个和尚管理账目。会员经常下乡访察贫苦人家的孕妇，对方若答应保留腹中的婴儿，就提前赠予钱物。苏东坡的心愿是救儿会每年救活一百个婴儿，为此他与家人省吃俭用，捐出了十缗钱。

元丰七年（1084）四月，朝廷解除了苏东坡谪居黄州的禁令，移置汝州，他上表请求安置在常州，宋神宗立刻批准。在朋友们的召唤下，他决定在紧邻常州的宜兴定居，终老于江南。苏东坡买下一块地，手头还剩五百缗钱，又在荆溪盘下一座老宅子，接下来就准备安顿家眷。

一天夜里，他与友人邵民瞻在村子里散步，经过一户人家，听见老

人生智者苏东坡

妇人哭泣，就敲门询问，老妇人说她有个败家子，未经她同意，就将祖屋卖掉了，她不得不搬离她居住了大半生的老宅子，就是为这事她伤心不已。苏东坡问明那座老宅子的地点，心里不禁咯噔一下，他从这位老妇人的儿子手中购得房屋，无意间做了一件伤害物主的事，怎么办？他拿定主意，当着老妇人的面烧毁了房契，然后把那个败家子找来，叫他孝顺母亲，将她重新接回老宅子居住，可是那五百缗房钱，他并没有索回。房子没了，钱也没了，苏东坡的善心善举一度使自己陷入困境，好在有许多真心敬重他爱护他的朋友向他伸出援手。

苏东坡谪居惠州时，一个叫徐中的老汉来拜访他。此人白发苍苍，已经七十六岁，他写了两首颂，苏东坡看了，觉得"虽非奇特，亦有可观"。徐中孑然一身，长期漂泊，现在老无所依，无处寄食。由于自伤晚景，老人失声痛哭，苏东坡也为他流下了泪水。如何才能把同情落到实处？苏东坡写信给泉老，请他将徐中收留在寺中，每天给他一份粥饭，使他得尽天年。苏东坡还为徐中添置了衣物。

善良的人无私敌，因为他不肯用仇恨的双刃剑伤己伤人，更不会落井下石。章惇曾是苏东坡的好友，后来反目成仇，章惇打击苏东坡可谓心狠手辣，不遗余力，将他流放到岭南的惠州仍不满足，又将他流放到海南的儋州，对于这样狠毒的角色，苏东坡依然能够包容。天道往还，风水轮流转，苏东坡晚年获赦北归，章惇却在政治上彻底破产，完全倒台，被流放到广东雷州。章惇的儿子章援曾是苏东坡的门下弟子，他写了一封长信给苏东坡，极其委婉地恳求恩师宽恕他父亲的过失，假若恩师被皇上重用，不要以其人之道还治其人之身。苏东坡读完这封信，百感交集，他在回信中说：我与丞相做朋友四十多年，虽然中间各人的遭遇和主张有所不同，但交情并没有增加和减损。听说他这么大年纪还要远赴海岛，我心里只有难过。以往的事情，再说有什么益处？倒不如关心未来。……现在我病体支离，是生是死还不一定。半个月来，进食极少，见到饭菜就好像吃饱了。现在只有赶紧回到常州，在家中休养，也许还能够活上几天。写到这里，我十分疲倦，放下笔，长叹而已。

苏东坡的这封信，还有以往他写给鄂州太守朱寿昌请求拯救溺婴的那封信，以及他写给高太后祈求宽免贫民欠债的那封信，被林语堂先生称赞为"三大人道精神的文献"。

除了行善，苏东坡在八个州出任过太守，每回都能造福一方。

四十一岁时，苏东坡任徐州太守，碰上百年一遇的大洪水，城墙都快被冲垮了，他坐镇抗洪抢险第一线，指挥军民加固外围墙垣。大雨昼夜不停，他数十天没有回家，一些富家子弟想逃出徐州城，苏东坡说：

"要是富人都跑了，民心就会动摇，我还能指靠谁来加固城墙？我在这里死守，决不让洪水毁掉徐州城！"

为了安定人心，苏东坡亲自出面劝阻那些惊魂未定的富人，有的富人不听从劝告，想夺门而出，苏东坡就下令将他们赶回家去。众人见苏太守不打算撤离，誓与徐州百姓共渡难关，就安心多了。由于人手太紧，苏东坡亲赴武卫营，寻求军方支援，他说：

"河水侵害徐州城，事情万分危急，请禁军为我出力！"

"苏太守都不怕洪水，我们这些吃皇粮的，自当临危效命！"禁军首领答应得很爽快。

军人训练有素，纪律严明，一旦出动，功效大增。一条首起戏马台、尾至于城的东南长堤以最快的速度筑成了。水涨到离城墙高处只差三版（一版为二尺），苏东坡就在城墙上搭个棚子，住在里面，有事经过家门口，也不进去一下。

一个半月后，大水终于从黄河故道入海，徐州转危为安。苏东坡请求朝廷拨款，修筑一座大木坝。他还建造了一座高达百尺的黄楼，用它来镇水，此举成就了苏辙、秦观的同名杰作《黄楼赋》。

五十三岁时，苏东坡出任杭州太守，他的主要政绩是疏浚西湖，筑成长堤（即苏堤）；改造杭州的供水系统，使杭州全城百姓（五十万人）都能喝到西湖的淡水；修缮官舍、城门、城楼、二十七座谷仓；由官方出资两千缗，他捐资五十两黄金，设立医院安乐坊（中国最早的公立医院，后改名为安济坊），由道士主持，三年之内医治了一千多个病人。杭州遭遇水灾之后的大饥荒，苏东坡为了救济贫民，给米市注入十八万石平价米，市民买到米后，无不叩头诵佛，感谢苏太守的菩萨心肠。相比之下，秀州发生风灾，秀州的地方官却不让老百姓报灾，理由是只有水灾、旱灾才能报灾，结果数千人聚集，发生踩踏事件，死亡十一人。苏东坡向朝廷提出了两项治理浙江水患的合理化建议，可行性方案都出炉了，但由于某些大人在上面拆台，某些小人在背后捣鬼，最终都泡了汤。

老百姓的眼睛是雪亮的。苏东坡先后两次到杭州执政，造福于民，功德无量，老百姓家家都悬挂他的画像，平日饮食必定为他祈福祈寿，还建造了生祠（为活着的人建立祠庙，加以奉祀），以此报答他的恩德。

元祐七年（1092）三月，苏东坡由颍州太守移任扬州太守。这年七月下旬，东南地区连日大雨暴风，造成巨灾，苏州、湖州、秀州等地饿死者过半，情形极惨。苏东坡深信及时防灾胜过充分救灾。饥荒刚露苗头时，他就上报朝廷，请求尽快拨发赈灾款，稳住浙西湖区的粮食价格。高太后认可苏东坡的建议，但那些具体执行的官员态度消极，政令难出汴京城。苏东坡的奏章和朝廷的批示徒劳往返，灾情日重一日，终于到了无可收拾的地步，朝廷加倍拨给浙西地区的赈灾款也成了杯水车薪。苏东坡悲愤不已，他说："小人浅见，只为朝廷惜钱，不为君父惜民！"可怜天下苍生。民为国之本，那些高官尸位素餐，居然罔顾如此浅显的道理。苏东坡有良知，有良能，有良策，却处处受到小人掣肘，造福一方的良好愿望被大打折扣。

更令人吃惊的是，苏东坡回到京城，就遭到御史的弹劾，他的"罪行"竟然是现成的"论浙西灾伤不实"，夸大灾情，危言耸听，扰乱朝廷对浙西灾情的判断。真是颠倒黑白。

杭州西湖全景图，中间带状地形即苏堤。

人生智者苏东坡

即使被贬谪到惠州，苏东坡仍不忘造福地方，与当地官员协商，建造了两座桥梁，一座沟通河岸，另一座沟通湖岸。他还写信给广州太守王古，把杭州的经验贡献给对方，建议他募集资金，创立医院，那个用数千根大竹管引清甜山泉入广州的主意更是新颖实用，可惜王古尚未动工，就因为"妄赈饥民"被革职了。

多知道点

官场忌讳"堤"字

官场忌讳多，自古就是如此。

比如说，当官的都希望自己步步高升，最怕与"低"字的同音字扯上瓜葛。

元祐五年（1090），杭州太守苏东坡调集二十余万民力，疏浚西湖，起出湖中的葑草和淤泥，筑成一道纵贯南北的大堤，今称"苏堤"。"苏堤春晓"至今仍是西湖十景之首。

唐朝有白公堤（简称白堤），宋朝有苏公堤（简称苏堤），杭州百姓用这种方式纪念太守白居易、苏东坡的恩德。

当年，杭州人真是左右为难：一方面，他们乐意将这道新筑的长堤命名为苏公堤；另一方面，他们又担心苏公堤的这个"堤"字与"低"字同音，会影响苏东坡的官运。

苏东坡本人倒是毫不在乎，无所谓官大官小，他只要能造福一方，为老百姓多办几件实事，就心满意足了。

任性为文

在唐宋八大家中，韩愈和苏东坡的文章最受世人推崇，"韩潮苏海"的说法早已深入人心。韩愈的文章以奇崛取胜，苏东坡的文章以博大见长。谁都知道苏东坡是世间不可无一、难能有二的天才，也都知道他是个读书种子，学识渊博，文思敏捷。

苏东坡读书，遇上自己特别欣赏的篇章，总是反复朗读，仔细品味。在诗作《送安惇秀才失解西归》中，"旧书不厌百回读，熟读深思子自知"，就是他的经验之谈。

宋朝的翰林学士逢单日值班，住在皇宫内东门附近的房子里，为皇帝或垂帘听政的皇太后起草圣旨，逢双日颁布圣旨。某个寒夜，苏东坡在翰林院值班，办完公事后，他就朗读杜牧的《阿房宫赋》，一遍又一遍。侧厅里有两个陕西籍老兵，随时听候差遣，苏东坡吹灯休息了，他们才能上床睡觉。读书人是一位大学士，其乐无穷；听书人是两个大文盲，摸头不着脑。老兵坐久了，苦不堪言，老兵甲满腹怨气，发起牢骚来："不知苏学士读这篇破文章有什么好处？都过了三更，天气寒冷，他还迟迟不肯消停。"

老兵乙说："这篇文章也有两句写得好。"

老兵甲立刻质问道："大老粗一个，你懂什么？"

老兵乙回答："我喜欢文章中那句'天下之人，不敢言而敢怒'。"

人生智者苏东坡

　　苏过听见了两个老兵的对话，忍俊不禁。第二天，他将这几句对话一字不差地转告父亲，苏东坡哈哈大笑，点头夸赞："真看不出，这汉子也有鉴赏力！"

　　几年后，某位姓洪的翰林学士对自己的文笔极为自信，有一天，他问院里的老兵（当年侍候过苏东坡），他比起苏东坡来，究竟如何。这位老兵的回答很有趣，他说："洪大人和苏学士的文笔谁更好，小人没资格评判。小人只知道，苏学士写文章，从来不用查书。"

　　"读书破万卷，下笔如有神"，到了这个境界，作家作文就得心应手，美妙绝伦。苏东坡读书，能够活用，能够化用，这方面的功夫连大文豪欧阳修都叹为观止。

　　二十一岁时，苏东坡参加礼部的考试，作政论文《刑赏忠厚之至论》，其中有一句"皋陶曰'杀之'三，尧曰'宥之'三"。那一科的考生特牛，考官也特牛，梅圣俞是诗坛祭酒，欧阳修是文坛领袖，但他们都挠头皮，不知道这个典故出自哪本古书。由于试卷已经糊名，另行誊录，他们也猜不准这位言之凿凿的考生究竟是谁。等到发榜，文章在苏东坡名下，欧阳修心中有了底，他说："此郎必有所据。"然而苏东坡的回答出乎他的意料，竟然是"何须出处"，欧阳修闻言一怔，并不气恼，反而欣赏这位年轻门生出语豪迈。

　　这个故事还有另一个版本。欧阳修询问之后，苏东坡的回答先是绕了个弯子，卖了个关子，他说："事在《三国志·孔融传》注。"欧阳修回家查完书，并没有找到这句话的来龙去脉，仍是一头雾水。过了几天，欧阳修再问苏东坡，苏东坡回答：当年，曹操击败袁绍之后，将袁熙（袁绍之子）的发妻赏赐给儿子曹丕。孔融说："从前周武王击败商纣王，将妲己赏赐给自己的弟弟周公。"曹操问道："哪部经典中记载了此事？"孔融说："按照眼下所发生的事情来推测，我猜想当时应该会有这样的事情。"判决囚犯时，皋陶三次说要杀掉他们，尧帝三次说要赦免他们，我推测当时的情形也应该如此。欧阳修听完苏东坡的解释，深表赞同，回头感叹道："此人可谓善读书，善用书，他日文章必独步天下！"

一位大文豪仍要虚怀若谷，接受有识之士的真知灼见，有时也少不了一字师的点拨。

王安石晚年退居钟山，自甘寂寞，很少见客。有一天，一位来自黄州的客人前去拜访，王安石欣然接见，他问道："东坡近日有何妙语？"

"东坡先生夜宿江边的临皋亭，从醉梦中醒来，撰成《成都圣像藏记》，一千多字，只修改了一两处。我恰好有一个抄件，留在船舱中。"客人如实相告。

王安石立刻派人去码头，将《成都圣像藏记》的抄件取来。这时，月亮从东南升起，树影满地都是，王安石坐在屋檐下，清风徐来，喜见眉须，读完之后，他称赞道："子瞻真是人中之龙，意到笔到，但文中还有一个字稍欠稳妥。"

"相公高见，在下愿闻其详。"客人动了好奇心。

"是'如人善博，日胜日贫'，这个'贫'字欠妥，不如改为'如人善博，日胜日负'。"王安石很有把握地说。

客人返回黄州后，将王安石的话转告苏东坡，苏东坡听完之后鼓掌大笑，他认为王安石讲得很有道理，就动笔将"日胜日贫"改为"日胜日负"。

早在唐朝，大文豪写墓志铭就可以赚取丰厚的润笔费，韩愈写过

97

一些谀墓文章,遭到非议。到了宋朝,子孙为了彰显孝道,往往恭请大名鼎鼎的文学家为先人撰写墓志铭,以求永垂不朽,润笔费相当可观。不少人都恳请过苏东坡为他们的先人撰写墓志铭,许以丰厚的报酬,满以为重赏之下必有勇夫,但都被苏东坡婉言谢绝了,不是一次两次,而是很多次。不为金钱写作,不为文章造情,不以吹捧死人为能事,这是苏东坡的原则,他从未动摇过。

多知道点

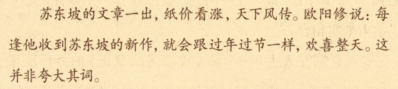

皇上夸,大臣怕

苏东坡的文章一出,纸价看涨,天下风传。欧阳修说:每逢他收到苏东坡的新作,就会跟过年过节一样,欢喜整天。这并非夸大其词。

宋神宗赵顼夸赞苏东坡是"天下奇才",却一直未能重用他,这确实有点令人想不明白。

一位侍臣说:皇帝喜欢读苏东坡的文章,总是读得津津有味,读到入迷时,举着筷子都不记得夹菜了。苏东坡谪居黄州后,只要有他的诗文词赋传入宫中,宋神宗就会赞赏有加,称道不已。正因为这样,那些大臣特别害怕宋神宗重用苏东坡。在背后,他们干得最起劲的活计就是挖坑使绊,造谣中伤,使苏东坡多年流放在外,远离权力中枢。

谈　笑

美食家的幽默

苏东坡是一位不折不扣的美食家。三十五岁时，他做杭州通判，在任两年零九个月。五十三岁时，他做杭州太守，在任一年零七个月。"上有天堂，下有苏杭"，杭州的富庶繁华，丝毫不逊色于京都汴梁。杭州不仅盛产美景和美女，而且盛产美食。

当年，北宋词人柳永的作品风靡天下，"凡有井水饮处，皆能歌柳词"。《望海潮》传入金国后，金主完颜亮拍案叫绝，他认定杭州就是实打实的人间天堂。完颜亮的野心一旦爆棚，做梦都想征服南宋，成为天堂的主宰者，那才叫威风神气。南宋诗人谢驿对这个传说深信不疑，为此赋诗一首："谁把杭州曲子讴？荷花十里桂三秋。那知草木无情物，牵动长江万里愁！"诗意非常夸张，诗人提供的视角也很新奇。

"天堂"里，车水马龙，人文荟萃，苏东坡除了干实事，还得送往迎来，日夜应酬，酒没少喝，诗没少作。朝廷使者也知道苏东坡是在用低酒量的身体干着大负荷、高风险的工作，于是杭州通判一职被调侃为"酒食地狱"。

这完全是从事情的负面去评判的。有一句俗话说："喝什么酒不重要，重要的是你与谁一起喝酒。"

有一次，朋友们在资善堂聚餐，苏东坡称赞河豚是天下难得的美味，但享用这道珍馐，除了要具备口福，还要具备胆量才行，因为河豚体内藏有剧毒，若厨师烹制不当，食客就会中毒身亡。筵席间，吕元明询问苏东坡，除了肉质鲜美细嫩，河豚的风味到底有什么特殊的地方？苏东坡用四个字回答他："值那一死！"这就等于说，拼命吃河豚，真不是民间馋鬼的胡乱点赞，实情就是如此。

如果有人将吃饭当成行为艺术，将会如何？这种事，常人缺乏想象力，很难弄出喜悦感和幽默感来，苏东坡是大文豪、大艺术家，由他来弄，就会妙趣横生。

有一次，在京城，苏东坡与好友刘贡父聊天，他说："我与舍弟（苏辙）寒窗苦读时，差不多每天都享用'三白饭'，吃起来香喷喷的，因此忘记人间还有许多值得品尝的山珍海味。"

刘贡父动了好奇心，他问苏东坡，"三白饭"是哪些食材、食料？苏东坡如实相告：一撮盐、一碟生萝卜、一盆米饭。食物如此简单，不油不荤，连热菜都免了，应该说清苦之极。刘贡父闻言大笑，也没多作点评。

过了一段日子，刘贡父写信给苏东坡，邀请他来家里吃顿皛（xiǎo）饭。苏东坡不清楚"皛饭"有何讲究，也没可着劲去仔细琢磨。他对同僚说："贡父读书多，'皛饭'的名目肯定有来历。"苏东坡去了刘贡父府上，看到餐桌上陈设的食物只有盐末、萝卜和米饭，这才恍然大悟，贡父请他吃皛饭，纯粹是捉弄他，"皛"字由三个"白"字组成，就是三白饭啊！好友把玩笑开到餐桌上来了，苏东坡并不气恼，无非是让"车辘辘"在肚皮下多转一阵子。

在刘府吃完皛饭后，苏东坡领情，拱手作别，上马回家。有道是

"来而不往非礼也"。过了几天，苏东坡也摆了一桌"毳（cuì）饭"，邀刘贡父来吃。刘贡父明知这顿"毳饭"不可能比"皛饭"更美味，但他左想右想，也想不出"毳饭"是什么东西。好奇心占据了上风，他就如期而往，到苏家去长见识。

有趣的是，两人谈古论今，聊了大半天，茶水喝完了好几壶，刘贡父饥肠辘辘，却迟迟没有食物充饥。于是客人直奔主题：

"实在不好意思，我的肚子快饿扁了，怎么还不见你说的'毳饭'上桌，莫非'毳饭'很难烹制？"

苏东坡笑道："请贡父稍安勿躁！"

主客之间这样问答过三次后，刘贡父忍不住诉起苦来："我实在是饥不可耐了！"

苏东坡这才站起身，揭开谜底："盐也毛，萝卜也毛，饭也毛，这顿饭不是'毳饭'是什么？"

在蜀地，"毛"与"冇（mǎo）"同音，意思是"无"，"毳饭"就是"三毛饭"，三毛就是三无。

刘贡父捧腹大笑，他说："我早就料到你会报东门之役，但没料到'毳饭'是三无饭，我干坐这么久，上了你的大当！"

两位好友玩文字游戏，捉弄对方，最终打成平手（有人认为，苏东坡略占上风），彼此都很开心。于是苏东坡让家人摆上一桌美味佳肴，搬出一坛家酿美酒，主人和客人大快朵颐。

刘贡父出道早，比苏东坡大十四岁，两人应算忘年交，友谊很深，他们之间还有一个小故事值得一提。

苏东坡结婚后没多久，就进京赶考，考上进士后就与弟弟苏辙返回眉山，为母亲守孝。他重返京城时，夫人王弗随行。

有一天，苏东坡应邀到刘家做客，原以为可以畅谈古今，大饱口福，可他屁股还没坐热，家里的仆人就行色匆匆地赶来，请他马上回去，说是夫人有急事找他。刘贡父逮住眼前现成的题材，存心打趣道："幸早里（杏、枣、李），且从容（苁蓉是中药名）。"这句话只有六个字，它们的谐音字却包含了三种果名，一种药物名。苏东坡出门时头也不回，骑上马，才轻松回应："奈这事（柰、蔗、柿），须当归（当归是中药名）。"苏东坡也以六字作答，它们的谐音字也包含了三种果名，一种药物名。苏东坡的捷才令刘贡父也忍不住竖起了大拇指。

关于美食，苏东坡的言论颇具哲理，经常被人引用的是这样一句："公终日说龙肉，不如仆之食猪肉实美而真饱也。"神龙见首不见尾，绝世高手学到顶厉害的屠龙功夫，尚且找不到龙的影子，龙肉的味道谁尝过？开出天价来，也买不到一片龙鳞。因此龙肉比不上猪肉，猪肉实实在在，既好吃，又便宜。

谪居黄州时，苏东坡作过一首《猪肉颂》，这首诙谐的打油诗引出一道千年名菜。颂歌是这样唱的："净洗铛，少著水，柴头罨烟焰不起。待他自熟莫催他，火候足时他自美。黄州好猪肉，价贱如泥土。贵者不肯吃，贫者不解煮。早晨起来打两碗，饱得自家君莫管。"诗中的"净洗铛，少著水，柴头罨烟焰不起。待他自熟莫催他，火候足时它自美"，就是东坡肉的文火煨制法。当年，黄州的阔人不肯吃猪肉，穷人不会烹制猪肉，苏东坡琢磨出这个文火鲜酱煨制法后，不仅阔人爱吃猪肉了，穷人也会烹制猪肉了。谁家请客吃饭，都会用最亲民的东坡肉待客。

晚年，苏东坡谪居海南儋州，岛上粮食匮乏，别说请客吃饭，倘若天气不好，一连数日刮台风，下暴雨，船只停开，苏家父子就会有断炊之忧。所幸他们苦惯了，煮食野菜苍耳，用来充饥。

在《东坡志林》中，苏东坡讲了一个"辟谷之法"：人可以不吃东西，只吞咽阳光就可止饿。这个故事发生在洛阳，有个人在野外不慎失足掉进了一口很深的枯井，里面只有蛇和青蛙，他没有东西可吃，饥肠辘辘，难以忍受。他观察蛇和青蛙，非常奇怪，按理说，蛇会猎杀青蛙吧，可是它似乎没有这个兴趣，青蛙也丝毫没有挨饿的迹象。每到阳光垂直照入井口的那段时间，蛇和青蛙就会张口吞咽阳光，阳光移走了，它们也就吃饱了。第二天，这人也仿效蛇和青蛙的动作吞咽阳光，虽然腹中空空，饥饿感却已霍然消失。后来，他获救回家，再也不用吃饭吃肉。苏东坡认为这个方法易知易行，但天下没有几个人知道的，知道的也没有几个人实行，这是因为世间没有人能虚心空腹，守拙抱贞。儋州的大米越来越贵，苏东坡倒是想试验吞食阳光的法子。

这是最典型的苏东坡式的笑话，但笑过之后心中总有几分苦涩的味道。

东坡肉，相传来自苏东坡的故事。

妙语解颐

　　苏东坡一生不知道怎么恨人，更不知道怎么害人，心地善良是一个原因，幽默感丰沛则是另一个原因。幽默感是智慧的外溢和外现，一个人智慧越是高超，幽默感的外溢就越是充分，外现就越是明显。苏东坡吃过许多苦头，受过不少打击，但这些磨难始终改变不了他的乐观心态。

　　苏东坡走的第一段大背运是乌台诗案。几年后，高太后垂帘听政，他回任京官，境遇大有起色。途中，他遇到当年的狱吏，即兴编出个笑话来讲，可向寓言大师伊索看齐。他说："一条毒蛇咬死了行人，被阴曹地府的无常捉拿归案，依法应当处斩。毒蛇申诉道：'我咬死了行人是实，但我也救活了病人，将功赎罪绰绰有余。'主审法官就问他有何功德，毒蛇回答：'我有蛇黄，可以治病，已救活好几个人。'主审法官一查，毒蛇没撒谎，确有其事，就饶恕了它。随后，一头疯牛也被无常捉拿归案，它的罪状是用双角触死了人。面对主审法官，疯牛不疯了，它申诉道：'我有牛黄，可以治病，已救活好几个人。'因此它也得到了赦免。接下来，一名犯人过堂，他杀了人，必须偿命，情急之下，他赶紧说自己有黄。主审官听他胡扯，怒斥道：'蛇黄、牛黄都可入药，天下所共知。我就没听说过，人会有黄！'罪犯窘迫得不行，大声哀叫道：'我没有别的黄，但有些惭惶！'"笑话讲完，闻者忍俊不禁，那位狱吏被苏东坡当众奚落一番，也没什么好抱怨的。

人生智者苏东坡

宋朝诗人多，好诗多，歪诗也不少。苏东坡曾说："世间事忍笑容易，唯有读王祈大夫的诗，不笑真是太难了。"王祈有两句咏竹的诗，"叶垂千口剑，干耸万条枪"，他自鸣得意，当众索取点赞。苏东坡说："好是好，但十根竹竿只匀得一片竹叶。"言外之意，这两句诗完全违背常识。王禹锡是苏东坡的亲戚，曾作《贺雨》诗，得意的句子是"打叶雨拳随手重，吹凉风口逐人来"。苏东坡批评道："你写诗怎么这样不讲规矩？"王禹锡赶紧打个马虎眼，说这首诗是他喝醉后写的。过了些日子，王禹锡又有了新作，请苏东坡指教，苏东坡读后，皱眉问道："莫非你又喝醉了？"

大宋王朝重视文治，官吏通晓文墨，荒腔走板的不多，但仍有例外。江苏扬州有个人叫杜浙，喜欢跟读书人交往，文字功夫不及格，却欠缺自知之明。杜浙附庸风雅，一不小心就过了头，惹出不少笑话。绍圣元年（1094），苏东坡南迁，赴惠州贬所，途经扬州。扬州太守苏颂与苏东坡绝非泛泛之交，两人有忘年之谊，在御史台的大牢里还曾做过隔墙相闻的狱友。苏颂自然要尽地主之谊，设宴为苏东坡接风洗尘。不知杜浙有什么门路，也叨陪末座。苏颂已七十多岁，不胜酒力，席间犯困，打了个小盹。杜浙忍不住问道："相公（苏颂做过宰相）何故溘然？"他的原意应该是"相公何故瞌然"，白居易有诗句"体倦目已昏，瞌然遂成睡"，可以为证。杜浙误将"瞌然"说成"溘然"，就等于当众诅咒苏颂死了。嗣后再次聚会，苏东坡又见到杜浙，向人打听才知道他的底细。苏东坡开玩笑说："今天我可不敢打盹，怕就怕那个'溘然'。"

黄庭坚也是很有幽默感的诗人，他告诉苏东坡一桩趣闻："从前，王右军（王羲之）爱鹅成癖，用自己的书法作品去交换别人的大白鹅，因此他的书法被人戏称为'换鹅书'。近日，韩宗儒食欲大增，每次得到先生的书信，就拿到殿帅姚麟家去兑换几斤羊肉，先生的书信理应称作'换羊书'才对。"当时，苏东坡在翰林院上班，某日，韩宗儒写信给他，急于得到回信，好去姚麟家兑换羊肉。送信的人催要书面答复，苏东坡笑道："你带个口信给韩长官，今日市面上禁止屠宰牛羊。"

有一次，宋保国拿出王安石的新书《华严解》给苏东坡看，苏东坡浏览之后问道："《华严经》有八十一卷，为何如今只看重其中的一卷？"宋保国答道："相公（王安石）说这一卷是最为深妙的佛语，其他的只不过是菩萨语。"苏东坡不以为然，他问宋保国："我到佛经中取几句佛语与菩萨语混在一起，取几句菩萨语与佛语混在一起，你能够甄别无误吗？"宋保国说："我没这个本事。"于是苏东坡讲笑话给他听："从前，我在凤翔做官，听说河阳的猪肉好吃，就派人去河阳买猪。派去的人喝醉了酒，夜里猪都跑光了，他就买了别处的猪充数。可是大家吃肉时，都说太好吃了，美味无比。不久，这件事穿了帮，凡是夸赞过河阳猪肉鲜美无比的客人都很惭愧。只不过介甫（王安石字介甫）的'猪'目前尚未败露行藏罢了！"

苏东坡喜欢打趣人，捉弄人。好友顾临人高马大，体胖膘肥，夏天特别怕热，在屋子里袒胸露腹是常事，有一回，他趴在书桌上睡午觉，苏东坡就书写了四个大字"顾厨肉案"，放在他身旁。后来，一些官员到慈宁寺聚会，顾临趴在茶几上打瞌睡，苏东坡再次书写"顾厨肉案"的招牌，扔下三十枚丁当响的铜钱，顾临惊醒了，苏东坡就吆喝道："快片批四两好肉来！"大家看了这一幕，无不笑得前仰后合。

幽默感丰沛的人往往更为机智，更有捷才，苏东坡也不例外。当年,辽国使臣常来宋朝办理外交事务,有时也会露一手,比如出个对子"三光日月星",使很多宋朝学者头大。这种题目能够难倒别人,却难不倒苏东坡,他以"四诗风雅颂"为对,《诗经》中的"雅"分大雅、小雅,辽国使臣点头叹服。苏东坡意犹未尽,他说:"那是个现成的对子,可以不算数。我想对的是'四德元亨利'。"这下辽国使臣不干了,四德是元亨利贞,缺一不可啊!苏东坡就善意地提醒对方,缺失的那个字与仁宗皇帝的名同音(宋仁宗名祯),必须避讳,宋辽二国是兄弟之邦,规矩不可不守。辽国使臣闻言,佩服得五体投地。从此以后,这位辽国使臣来宋朝公干,就不敢多嘴多舌逞能了。

苏东坡离开黄州之后,前往南京。船上有一坛好酒,他喝下一杯,就有了几分醉意。他想起湖州诗友贾收,无官无职,家境贫寒,没什么东西可以令他开怀,就绘制了一幅怪石古木,作为礼物。苏东坡还附上一封信,大意是:每当肚子饿了的时候,你就打开这幅画,看看它能否充饥。要是湖州有喜好藏画的人,每月能给你三石米、三斗酒,今生今世负责到头,你就把这幅画赠送给他。如果没有这种好人,那你就将它交给双荷叶(贾收的侍妾)掌管吧,必须等她生了孩子,再奖给她这幅画。

元祐元年(1086),苏东坡被高太后召回朝廷,荣任翰林学士,与司马光合作。司马光为人质朴,固执,倔强,凡事有主见,谋定如山,不易动摇,苏东坡给他取了个"司马牛"的外号。有一次,他们在一起争论政务,意见不合。苏东坡说:"相公此论,故为鳖厮踢。"司马光闻言,不解其意,问道:"鳖怎么能够踢腿?"苏东坡笑道:"是啊,鳖确实不能够踢腿。"司马光这才恍然大悟,苏东坡用此暗喻,调侃他的意见根本站不住脚。

苏东坡是天生的乐天派，不仅具备幽默感，而且具备非同寻常的游戏精神。苏东坡是不会愁眉苦脸的，也不会唉声叹气，他喜欢讲段子。他讲的段子往往能够点中听众和读者的笑穴。

有一天，苏东坡给虔州通判俞括讲了一个笑话。在京城，他遇见一位医师，医术很好，却挣钱不多。他对此大惑不解。那位医师告诉他实情："人们服药，目的是为了治病。若要爽口，就不如吃荤了，何必吃药？现在刘氏、孙氏两家药坊在京城都很有名。孙氏一心想治病，凡药不择甘苦，该搭配什么药就搭配什么药。刘氏专门琢磨着他家配成的药物如何才能爽口，有些苦药就故意省去不用。病人应该选择哪家药坊去配药？出人意料的是，刘氏比孙氏的利润整整高出一倍。这是什么道理？"道理其实很简单：大家明明知道良药苦口利于病，忠言逆耳益于行，可是世间多的是不愿服苦药的病人，也多的是不愿听忠言的角色，于是许多人留下后患，轻则疾病不能治愈，事情难以办成，重则有性命之忧。

其实，不少段子是苏东坡临时杜撰的，但因为他学问高深，知识渊博，别人总是猜测这些段子出自哪本书中。有一次，苏东坡去拜访宰相吕大防，太阳已偏西，吕大防仍然蒙被呼呼。苏东坡枯等了几盏茶的工夫，吕大防总算打着哈欠出来见客。苏东坡指着大瓦缸里的那只绿毛乌龟说："这种乌龟并不稀奇,难得的是它长了三对眼睛。"吕大防觉得不可思议,世间哪有长三对眼睛的乌龟? 苏东坡就告诉他:"唐中宗时,有位大臣进献了一只六眼乌龟,中宗问他,乌龟长六眼有何妙用。那位大臣说,六眼龟睡一觉相当于普通龟睡三觉。"吕大防这才恍然大悟,他被苏东坡编排和打趣了,还得赔上笑脸。

苏东坡写过一部《志林》(又名《东坡志林》),里面收录了一些段子,读来令人喷饭。

有两个穷光蛋,在一起谈论志向。一个穷光蛋说:"长这么大,我从没吃过一顿饱饭,睡过一回足觉。哪天我要是得志了,一定填饱肚子,吃完饭就睡觉,睡完觉又吃饭。"另一个穷光蛋说:"我跟你的做法不同,吃完上顿饭,紧接着吃下顿饭,哪有工夫去睡觉!"苏东坡到庐山游览,听说马道士喜欢睡觉,在睡梦中得到了诸多妙趣。但他认为,马道士终究比不上那两个穷光蛋,深得吃饭、睡觉的要领。

三位鹤发童颜的老翁结伴而行,路人好奇,打听他们的年龄。第一位老翁说:"我的年龄多大? 早已记不清了。我只依稀记得,年轻时

《东坡志林》书影

与盘古（开辟天地的神话人物）有过交情。"第二位老翁说："每当沧海变成桑田的时候，我就用一支竹签做记号，如今我标记过的竹签已堆满十间屋子。"第三位老人说："我喜欢吃蟠桃，吃完了就将桃核扔在昆仑山下，最近才发现桃核与昆仑山一样高了。"三位老翁吹牛不打草稿，也不怕把牛皮吹成破渔网。

古人逢年过节，为了祈福和避邪，喜欢用桃木做成祥符，用艾叶扎成假人，将它们悬挂在大门两侧。总是艾人在上，桃符在下。有一天，桃符抬起头来，大骂艾人："你是什么东西？竟敢抢占上风！"艾人俯首对桃符说："你已经半截身子入土，怎敢与我较量高低？"桃符与艾人大开骂战，门神实在看不过眼了，就笑着劝解道："你们只不过是傍人门户，居然还有心有力争这口闲气！"世间确实有不少男女，死爱面子活受罪，自己没根底，没着落，却将虚荣当饭吃，看得比什么都重要。苏东坡调侃的就是这类可怜虫。

在河中间的岛上，蚌遇见了螺，它说："你的形体优美，就像俊秀的鸾凤和孤独的云朵，纵然地位不高，也足以令我敬重。"听完蚌的恭维话，螺不免有点飘飘然，它说："你讲的是公道话。但我想不通，为什么珍珠这样的宝贝，造物主不肯给我，却反而愿意给你呢？"蚌说："这没办法，造物主只肯将宝贝授予内慧的，不肯将宝贝授给外秀的。我张开口，你就能见到我的心。你的外表虽美，但内慧不够，所以只能不辞劳苦，委曲求全。"很显然，苏东坡更看重坦诚相见、具备真才实学的人，对徒有其表、自以为是的人缺乏好感。

京城有个道士，在相国寺附近兜售一些官方明令禁止的符咒和药方，他打出一则广告："本人专卖不输钱的神奇验方。"京城赌徒不少，这个广告特别吸引眼球。有位富家公子痴迷于赌博，他毫不犹豫，花费重金买断了这个验方。道士反复叮嘱，公子回家之后才可打开信封，否则就会失灵。那位富家公子回家后，急不可耐地揭晓谜底，一张黄纸上只写了十二个字："唯有不赌才能立于不败之地。"道士故弄玄虚，这句玩笑话帮他赚到了一大笔钱，但他的验方确实无懈可击，富家公子明明做了冤大头，也找不出理由，去官府状告道士诈骗钱财。

苏东坡患了红眼病，有人说不能吃肉。苏东坡决定接受这个建议，但他的嘴不同意，它说："我给你作嘴，它给你作眼，为什么你厚待它，却薄待我？它患病，却要我废食，我坚决反对这种不合情理的做法！"苏东坡拿不定主意，仍打算吃肉，于是灵机一动，对眼说："有朝一日我的嗓子哑了，你看任何东西，我都不禁止。"这样子一碗水端平，嘴和眼就不再闹意见了。

苏东坡是文艺全才，交际面广，不可能不讲点文艺界的段子。他说，蜀地有个收藏家，最喜欢收藏大画家戴嵩的作品，戴嵩以画牛著称，他画的牛有精神有劲道，让人看着就过瘾。一天，这位收藏家在院子里晒画，同村的牧童恰好路过，就在篱边驻足欣赏，但牧童看到戴嵩的《斗牛图》后，摇头大笑。收藏家问牧童何故发笑，牧童说："牛打架时，尾巴都是紧夹在两腿中间，这幅画里面的牛尾巴却直立在后面，太假了吧！"艺术家对自己笔下描绘的对象观察不够细致，就会暴露硬伤，闹出笑话来。

有位无名诗人带着诗稿去拜访苏东坡，表面上是请大师点拨他，指教他，实际上是希望苏东坡夸奖他，称赞他，好借此博得声名。苏东坡对这位诗人的心思洞若观火，他让对方当众朗诵自己的得意之作。这位诗人毫不怯场，他的朗诵可谓抑扬顿挫，声情并茂。表演一番之后，这位无名诗人两眼放光，神气中颇有几分洋洋自得，他问苏东坡："不知先生以为如何？"苏东坡的回答令对方喜出望外："可得十分！"紧接着，苏东坡补充道："诗作可得三分，诵读可得七分。"后来，"三分诗七分读"就成为了讽刺某些劣质朗诵诗的定评。

苏东坡讲的段子太多了，跟他交往的人总是笑口常开，乐不可支，福气不浅啊！

多知道点

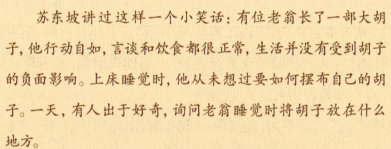

老翁安排胡子

苏东坡讲过这样一个小笑话：有位老翁长了一部大胡子，他行动自如，言谈和饮食都很正常，生活并没有受到胡子的负面影响。上床睡觉时，他从未想过要如何摆布自己的胡子。一天，有人出于好奇，询问老翁睡觉时将胡子放在什么地方。

当晚睡觉，老翁就开始摆布自己的胡子，一会儿把它放在被子外面，一会儿又把它放在被子里面，怎样摆布都不是很舒服，结果折腾了一个晚上，睡眠全泡了汤。翌日早晨，老翁精疲力竭，脸色憔悴，竟有点坐立不安。他心想，这部大胡子过于碍事，最好还是把它剪掉算了。

这个笑话说明：自在就好，刻意真累。

身后事

苏东坡北归之前，同期被贬谪的官员已有十人去世。他愈发感觉到生命如朝露易坠，荣辱如蚊虻过眼。他只想归隐田园，杜门面壁，安度余生，至于蜂蚁之微的得失，忽变忽灭，他已全然不再记挂在心头。

宋人笔记中记载，建中靖国元年（1101），苏东坡回到江南，在安徽当涂寄给钱济明十一首新诗，约他和程德孺到金山见面。他们见面后，苏东坡拿定主意在常州安家。这年六月，在病榻上，苏东坡告诉钱济明："从万里之外活着回来，现在却只能将后事托付给你。可悲的只有一件事，自从我被贬谪到儋州之后，已有四年时间，没有见过弟弟子由，现在却要告别人世了，这种痛苦令人难以承受，别的事就没什么好遗憾的了。"过了很久，他又说："我在海外，完成了《易解》《书义》《论语义》三书，现在全部托付给你，希望你不要给别人看，三十年后会有知音。"七月十二日，病体稍微有了起色，苏东坡告诉钱济明："今天心情很好，我想亲近一下笔砚，为济明写几幅字。"于是，他书写了《惠州江月》等五首诗。第二天，又书写了《桂酒颂》的跋。钱济明辞别后，苏东坡的病情就迅速加重了。

清代名医陆以湉著《冷庐医话》，将苏东坡病逝作为个案分析，他认为：苏东坡年过六旬，从海南儋州返回江苏仪真，长途跋涉，舟车劳顿，正值酷暑时节，他难耐天气炎热，晚间贪凉饮冷，接着又去赴宴，因此出现腹胀、出血、失眠等症状。这时本应该采用清热的药物，他却采用人参、茯苓、麦门冬煮浓汁喝，身体虚不受补，病情反而加重。苏东坡长期注重养生，稍微疏忽，就无法逆转了。

北宋宣和年间（1119—1125），苏东坡的文字遭到官方查禁，禁令很严，处罚很重，但是仍有许多人暗地里冒险收藏和阅读。京城有一位读书人私携苏东坡诗文集出城，被守城人查获，将他扭送到衙门。京兆尹翻阅罪证，在此书的末页上，发现对方题写了一首新诗："文星落处天地泣，此老已亡吾道穷。才力漫超生仲达，功名犹忌死姚崇。人间便觉无清气，海内何曾识古风。平日万篇谁爱惜？六丁收拾上瑶宫。"诗中引用了"死诸葛走生仲达""死姚崇算生张说"和"李贺被召"三个典故。诗中引用这三个典故，意思是：苏东坡的才力可比诸葛亮，就算死了也可以吓跑司马懿。苏东坡就像唐朝的大臣张说，才气纵横，却被死后的姚崇算计了。但所幸玉帝欣赏苏东坡的才华，将他召到天宫去执掌文案。

据《明皇杂录》记载：唐朝大臣姚崇与张说原本关系融洽，但姚崇告御状，在唐玄宗面前批评张说与岐王李范私下交集，两人因此失和。姚崇病重，给儿子留下遗嘱："张相国与我有很大的过节，我担心他会加害于你们。好在张相国喜欢古董珍玩，你们并非全无生机。我死后，他碍于社会舆论，必定前来吊唁。你们一定要将我收藏的贵重器物陈列在厅堂里，如果他对这些古董毫无兴趣，你们就必须加紧料理丧事，逃离长安。如果张相国驻足欣赏，你们就大可放心，将宝物悉数赠送给他，然后准备好空白的石碑，请他撰写墓志铭。张相国的

人生智者苏东坡

文章一到，你们立即请人刻好，抄录全文，进呈皇上。没过多久，姚崇病逝了，张说果然前来吊唁，驻足观赏厅前的宝物，姚崇的儿子遵照父亲的遗嘱将宝物赠送给张说，请他撰写墓志铭。张说不含糊，不推脱，很快交稿。在碑文中，张说称赞姚崇是朝廷的柱石，其功绩永存人间。第二天，张相国果然派人前来索回碑文，说是尚须斟酌词句，修改润色。姚崇的儿子就带着使者去观看已镌刻完工的碑铭，告诉他此文已进呈皇上。张说恍然大悟，他堕入了姚崇预先设下的圈套，不禁顿足叹息："死姚崇犹能算生张说，我的才能确实比不上他！"

那位京兆尹暗自赞赏这位书生的勇气，他担心这件事声张开来会连累自己，就将触犯禁条的书生无罪释放了。

北宋末年，不惧官方禁令的人不只一个两个。当时，元祐党人被集体抹黑，苏东坡的诗文不准露面，他的遗墨也惨遭搜毁。常州报恩寺的板壁上有苏东坡的亲笔诗画，方丈有意保存，就让僧人用厚纸糊壁，在纸上刷漆，一举逃过了官方的搜查。南宋绍兴年间（1131—1162），宋高宗赵构下诏，在全国范围内搜求苏东坡、黄山谷（黄庭坚号山谷道人）的墨迹。报恩寺的方丈早已坐化，只有一位老头陀还记得这桩陈年往事，他进城报告太守。太守立刻派专人小心翼翼地除去漆纸，结果发现诗画的笔墨宛然如新，于是请高手临摹，进献给皇上。宋高宗大喜过望，常州太守和那位老头陀均获得重赏。

南宋绍兴三年（1133），虔州（今江西赣州）匪首谢达率众攻陷惠州，所到之处，玉石俱焚，却独独保留了苏东坡的白鹤故居，并且修葺六如亭，烹羊祭奠了一番才离去。翌年，海盗黎盛进犯潮州，大火烧到了吴复古的故居附近，听说那里有苏东坡的大量藏书，于是派人救火。连土匪和海盗都异常敬重苏东坡，这种现象说是奇怪，并不奇怪，苏东坡在民间的美誉度实在是太高了。

宋高宗赵构的文学修养和书法修养都很高，他任用秦桧做宰相固然大错特错，佩服苏东坡的才华却半点不假。宋孝宗赵眘（shèn）对苏东坡的诗文爱不释手，平常总是称苏东坡为子瞻（古人以称字为敬），他干得最漂亮的一件事是追谥苏东坡为文忠。上有所好，下有所效，南宋读书人对苏东坡推崇备至，学者以研究苏东坡为荣，蜀人更是敬若神明。

据陆游的《老学庵笔记》记载，南宋读书人爱读苏东坡的诗文，原因非常简单："苏文熟，吃羊肉；苏文生，吃菜根。"士大夫不论官阶高低，要是谁不能背诵苏东坡的诗文，就会自觉气短，矮人三分，大家也会认为他欠缺品位。由此可见，苏东坡身后的影响何等深远。

苏东坡有四个儿子，长子苏迈，次子苏迨，三子苏过，四子苏遁（夭折）。苏迈、苏迨、苏过长期耳濡目染，得到文豪爸爸和大师叔叔的言传身教，个个具备文学、艺术才华，其中苏过最有福气，他陪伴、

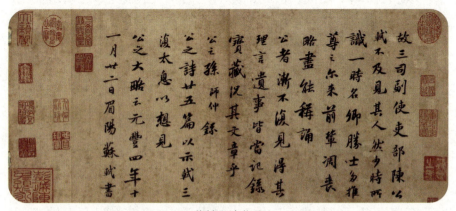

苏轼书法作品

人生智者苏东坡

照顾父亲的时间最长。苏东坡南迁七年，父子俩朝夕相处，苏过得益于父亲的指教和点拨，在文学、艺术方面的造诣远远超过两位兄长。苏辙对侄儿苏过的孝行赞赏有加，曾欣慰地说："吾兄远居海上，唯成就此儿能文也。"

苏过被时人赞誉为"小坡"，可不是浪得虚名。宋徽宗曾派专使邀请苏过入宫，对他说："朕知道你是苏轼的儿子，很会画窠石，正好宫中有干净的白壁，想请你大笔一挥。"苏过行完礼，马上动工，画成之后，宋徽宗起身观看，赞不绝口，吩咐宫人捧赐美酒一盅，重赏苏过。

宣和五年，苏过赴任中山府（今河北定州）通判，在途中，他不幸遇到一群打家劫舍的绿林好汉。匪首胁迫他入伙，苏过说："你们知道苏学士吗？我就是他的儿子。岂肯跟随你们打家劫舍，杀人越货！"匪首并非大老粗，对苏东坡耳熟能详，于是请苏过通宵畅饮。当晚，苏过酩酊大醉，再也没能醒来。

苏东坡的墓庐位于河南郏县。崇宁元年（1102），苏辙遵从兄长的遗嘱，将他葬在郏县小峨眉山东麓，背靠巍巍嵩山，面朝滔滔汝水，魂游青山绿水之间，得其所哉。十一年后，苏辙魂归道山，也葬在此地，与苏东坡的墓庐相邻。

既然讲到东坡墓，就不能不讲一讲苏东坡的弟子李廌（zhì，字方叔）。李廌的父亲李惇是苏东坡的同年（同科进士），他六岁就成为孤儿，全靠苦学成才。元丰年间，他去黄州拜访苏东坡，获得赏识，苏东坡轻拍着他的后背说："你的才华，足以匹敌万人，若用高尚的节操去促进它，就无人能及了！"

李廌家里一贫如洗，三代亲人过世后，均将棺材寄存在僧寺，无钱下葬。一天晚上，他抚枕痛哭道："我崇尚忠孝，却连亲人的遗体都无力安葬，岂不是太低能了！"

第二天，李廌就告别苏东坡，游历四方。苏东坡解衣相助，并且撰写诗文，称赞李廌的品格和道义情怀。没过几年，李廌就在华山下安葬了几代亲人，棺材多达三十余口。

元祐四年（1089）四月，李廌准备离京返乡，他去苏家辞行，依依不舍。苏东坡也正要出发，赴任杭州太守。他怜惜李廌家境贫寒，难以谋生，就将皇帝和太后赏赐的那匹天厩马赠给这位门下弟子。并且亲笔书写马券，道出了赠马的来龙去脉。半年后，黄庭坚也不吝笔墨，为马券作跋，他认为李方叔"豆羹常不继"（有上顿没下顿），应该卖掉玉鼻骍，有东坡居士亲笔书写的马券，它的身价将增值十倍，购马的义士不仅能够救济穷困的李方叔，而且出门骑乘此马，绝对自豪。一举两得，何乐而不为。卖马原本是一桩俗事，当年苏东坡和黄庭坚却把它鼓捣得风雅绝伦，成为千古佳话，真是令人佩服。

建中靖国元年（1101），苏东坡在常州去世，李廌接悉噩耗，悲痛万分，他说："我很惭愧，不能追随知己奔赴黄泉，至于给恩师做点事情，岂敢以生死为间隔！"

于是李廌前往许州（今河南许昌市）、汝州（今河南汝州市）两地，为苏东坡寻找一块风水宝地，最终确定为郏县小峨眉山东麓。李廌在祭文中写道："皇天后土，鉴一生忠义之心；名山大川，还万古英灵之气。"

元朝时，郏县县令杨允添筑苏洵衣冠冢，位于东坡兄弟墓中间，从此合称三苏坟。

人生智者苏东坡

"坡粉"无处不在

苏东坡是多面手和大文豪,风度翩翩,颇具亲和力,他的"粉丝"无处不在,连宋神宗赵顼都称赞苏东坡为"奇才",评价道:"白有轼之才,无轼之学。"意思是李白有苏东坡的才华,没有苏东坡的学问,这个评价不可谓不高。

在众多的"坡粉"中,"最痴迷者"的头衔非学者章元弼莫属,他崇拜苏东坡到了什么程度?说出来,只怕你很难相信。章元弼不算帅哥,他很丑,也并不温柔。章元弼很可能苦修了八辈子,这才娶回一位大美女陈氏为妻。按理说,桃花运这么好,他应该像蝴蝶绕鲜花一样围着老婆的脚跟转才对,可是他读到苏东坡的诗文选本《眉山集》后,终日如醉如痴,对娇妻陈氏不理不睬。陈氏受到冷落的回数多了,难免恼怒,她对章元弼下达了最后通牒:"既然你喜欢苏东坡远远胜过喜欢我,那好,你就干脆休掉我吧!"你别说,章元弼还真愣,为了维护自己对苏东坡顽固而完整的热爱,竟然真的休掉了美貌的妻子陈氏。这种"坡粉"走火入魔,可能令苏东坡也啼笑皆非吧。

还有的"坡粉"能不辞千里,为苏东坡排忧解难。苏东坡谪居惠州,苏辙谪居高安(今属江西),身边都只带着一个儿子。其他的亲人分别居住在许昌和宜兴两地,长期音信不通,苏迈、苏迨都很担忧父亲的身体。苏州定惠院有一位卓契顺,特别崇拜苏东坡,他对苏迈说:"你何必这么忧虑,惠州不在天上,我徒步就能抵达,我给你带封家书去问候苏学士。"经过三个多月的艰苦跋涉，卓契顺的脸晒得黧黑，脚板也磨出厚厚的茧子，终于走到了惠州，圆满完成了信使的重任。几天后，卓契顺返回江南，苏东坡将家书交给他，然后问他想要点什么，卓契顺的回答很实诚："契顺无所求，所以来到惠州，要是有所求，就前往京城了。"但苏东坡很能体察"粉丝"的心思，仍旧催问卓契顺。火候到此，卓契顺就吐露心声："在唐朝，蔡明远只是一员鄱阳军校，颜鲁公（大书法家颜真卿）在江淮之间断了粮，蔡明远载米去周济他。颜鲁公感激他的善意，赠给他一幅书法作品，因此天下人至今仍知道蔡明远。契顺没有米送给苏先生，但走了这么远的水路和山路，假如可以援引蔡明远的例子，我能得到先生的一幅字吗？"苏东坡欣然应允，为卓契顺书写了陶渊明的《归去来兮辞》。

巢谷是四川眉山人，苏东坡的小老乡，曾经参试武举进士科，没有博得过功名。虽然巢谷不是文人，但他极重人间道义，崇拜苏东坡。苏东坡谪居黄州时，巢谷做过苏家的塾师，教导过苏东坡的孩子，彼此结下了深厚的情谊。在家乡，巢谷听说自己心目中的大神被贬谪到了海南儋州，他终日愤愤不平，虽已年逾古稀，仍决定徒步数千里去海南看望苏东坡。到达新州（今广东新兴）地界后，巢谷积劳成疾，患病身亡。"粉丝"死了，偶像怎么办？当时，苏东坡获赦，正在北归途中，听说这个噩耗后，立刻写信给好友程怀立，恳请他转托新州官员为巢谷殡殓，派人照看棺木，与此同时，苏东坡为巢谷的儿子巢蒙筹集川资，让他前来新州迎丧。巢谷与苏东坡未能见面，便阴阳永隔，但他们做了自己想做和该做的事情，彼此都可安心。

"坡粉"们的行为艺术相当有趣，苏东坡自制了一项高帽子，顶部

121

人生智者苏东坡

偏窄而前面倾斜，很有特色，结果风行一时。凡是酷爱苏东坡诗文的人都去缝纫店定做这种怪模怪样的"子瞻帽"（苏东坡字子瞻），以示尊重专利权。有一次，宫中演戏，皇帝请大臣们观赏，一名丑角戴着子瞻帽，在戏台上王婆卖瓜，自卖自夸："我这个作家诸位比不了！"别的伶工就问他："何以见得？"丑角回答："难道你们没看见我戴的这顶帽子？"皇帝听完台词，忍俊不禁，特意望了苏东坡一眼。

　　苏东坡是公认的书法大家，生前就出版了几十本字帖，他的绘画也很出色，收集他的书画作品就成了"坡粉"们的寻宝行动，他随意书写的一张便条也能在市面上售得好价钱。苏东坡的许多好友、弟子都是他的铁粉，他的弟子张耒找到他的旧作《黄泥坂词》，纸张已经污损，字迹也有些模糊，但他裱好后，视为镇宅之宝。王诜是驸马都尉（英宗皇帝的女婿），也是有名的画家，当然不差钱，他收藏苏东坡的字画不遗余力。有一天，他写信给苏东坡"抱怨"说：我长期不停地购求你的书法作品，最近又用三匹绢换得你的两幅字。你近来有画，请赠我几幅，不要让我多花费绢匹了。于是苏东坡用澄心堂的纸、李承晏（制墨大师李庭珪的侄子）的墨书写了《黄泥坂词》，赠给王诜。

苏轼雕塑，从中可见"子瞻帽"的特色。

苏东坡的当代"粉丝"无数，后世"粉丝"更多，这些高素质、真性情的"坡粉"自身就是一道风景。

多知道点

林语堂为苏东坡作传

苏东坡是奇特的存在，如高山大海，难以穷尽。谁给他写一部传记，都是不小的挑战。很显然，现代作家林语堂是苏东坡的"超级粉丝"。1936年，他全家赴美，能够托运和携带的书籍非常有限，但他仍然带走了许多与苏东坡有关的珍本古籍，其中就有苏东坡的全集。他希望自己能在海外写一本有关苏东坡的书，就算暂时不写，有苏东坡相伴，也十分开心。在《苏东坡传》的序言中，林语堂这样写道：

"像苏东坡这样富有创造力，这样守正不阿，这样狂放不羁，这样令人万分倾倒而又望尘莫及的高士，有他的作品摆在书架上，就令人觉得有了丰富的精神食粮。现在我能专心致力写他这本传记，自然是一大乐事，此外还需要什么别的理由吗？"

据统计，近百年来，市面上已有厚薄长短不一的《苏东坡传》数百部，但读者最喜爱的仍是林语堂的《苏东坡传》，并不是说他采择的资料最为翔实，考据无懈可击，在这两个方面，他并不具备明显的优势，但他笔下的苏东坡最为传神，活泼泼，笑吟吟，无羁无绊，大智大慧。

人生智者苏东坡

附录　苏东坡生平速览

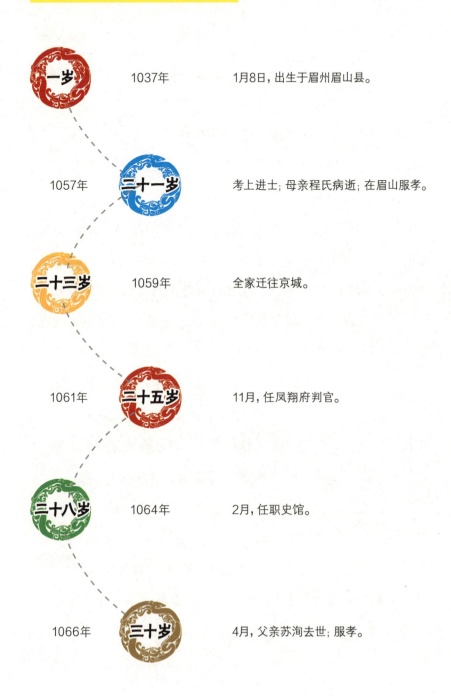

一岁　　1037年　　1月8日，出生于眉州眉山县。

1057年　二十一岁　考上进士；母亲程氏病逝；在眉山服孝。

二十三岁　1059年　全家迁往京城。

1061年　二十五岁　11月，任凤翔府判官。

二十八岁　1064年　2月，任职史馆。

1066年　三十岁　4月，父亲苏洵去世；服孝。

2月，任职史馆。　三十三岁　1069年

11月，任杭州通判。　1071年　三十五岁

11月，任密州太守。　三十八岁　1074年

4月，任徐州太守。　1077年　四十一岁

4月，任湖州太守；8月，乌台诗案发生，被捕入狱。　四十三岁　1079年

2月，谪居黄州。　1080年　四十四岁

4月，移汝州团练副使。　四十八岁　1084年

人生智者苏东坡

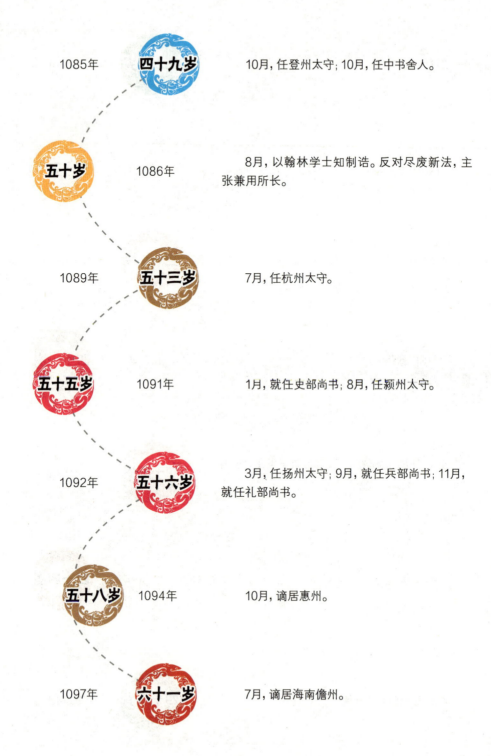

1085年　四十九岁　10月, 任登州太守; 10月, 任中书舍人。

五十岁　1086年　8月, 以翰林学士知制诰。反对尽废新法, 主张兼用所长。

1089年　五十三岁　7月, 任杭州太守。

五十五岁　1091年　1月, 就任史部尚书; 8月, 任颍州太守。

1092年　五十六岁　3月, 任扬州太守; 9月, 就任兵部尚书; 11月, 就任礼部尚书。

五十八岁　1094年　10月, 谪居惠州。

1097年　六十一岁　7月, 谪居海南儋州。

7月，北归，前往常州定居。

 1100年

8月24日，病逝。 1101年

人生智者苏东坡